ARISTÓTELES

Anne Cauquelin

ARISTÓTELES

Tradução:
Lucy Magalhães

Revisão técnica:
Geraldo Frutuoso
mestrando em filosofia, UFRJ/IFCS

Jorge Zahar Editor
Rio de Janeiro

Título original:
Aristote

Tradução autorizada da primeira edição francesa, publicada em 1994, por Éditions du Seuil, na coleção Écrivains de Toujours.

Jorge Zahar Editor Ltda.
rua México 31 sobreloja
20031-144 Rio de Janeiro, RJ
Tel.: (021) 240-0226 / Fax: (021) 262-5123

Capa: Gustavo Meyer
Marmorização: Mariana Zahar

CIP-Brasil. Catalogação-na-fonte
Sindicato Nacional dos Editores de Livros, RJ.

C362a

Cauquelin, Anne
Aristóteles / Anne Cauquelin; tradução Lucy Magalhães; revisão técnica, Geraldo Frutuoso. — Rio de Janeiro: Jorge Zahar Ed., 1995.
152p.. — (Biblioteca de filosofia)

Tradução de: Aristote
Contém dados biográficos
Inclui bibliografia
ISBN 85-7110-332-1

1. Aristóteles, 384-322 a.C. 2. Filosofia antiga. I Título. II. Série.

95-1665

CDD 185
CDU 1(38)

Sumário

Introdução

Altivos sob um imperturbável céu azul, os filósofos da Antigüidade reinam sobre um povo de discípulos jovens, belos, sérios e ávidos de aprender. Imóveis na postura que lhes determina a estatuária, uma das mãos estendida para o céu das idéias, a outra retendo as pregas da túnica, eles falam. Estamos em Atenas. Eles se chamam Platão ou Aristóteles. Quase poderíamos imaginar, acima de suas veneráveis cabeças, a auréola da sabedoria eterna. É a véspera, ou digamos, a aurora dos tempos modernos. Uma grande calma. Serenidade. Se há algumas disputas, elas são todas intelectuais, argumentos contra argumentos. *Disputatio*.

Naturalmente, houve a morte de Sócrates, que abalou essa bela tranqüilidade e lançou a dúvida sobre a fixidez da imagem, mas pouco importa, é belo morrer em um combate justo. Sua condenação e morte não destoam do quadro.

Essa iconografia, dirão alguns, faz parte de uma tradição popular, e as pessoas esclarecidas sabem muito bem que ela não corresponde aos fatos. É verdade. Parece que não se tem muita vontade de revisitá-la. Os comentários eruditos despacham em poucas linhas secas a vida dos autores — nascimento, morte, episódios importantes — só para situar a obra. O esforço biográfico se concentra apenas na atribuição dos textos, autênticos ou alterados, e na cronologia das obras. Feito isso, mergulha-se na interpretação.

As vidas, os lugares, as estações são esquecidos. Esquecidos também são os fracassos, os exílios, as origens singulares. A ilusão de um tempo inalteravelmente bom subsiste, como se as idéias ocorressem aos filósofos só nos dias claros.

Ao pensar na Grécia, nos seus filósofos, o outono quase nunca é lembrado. As nuvens, o vento que estimula as partidas. A tristeza, as separações, a morte dos entes queridos, o abandono. A calúnia, as injustiças, o desprezo, até o ódio.

Ora, na Grécia como em Paris, Dublin, Iena, Harvard, todos esses ilustres pensadores são atormentados pelas mesmas preocupações: problemas de emprego, de carreira, de público a conquistar. Luta para aparecer, ciúmes e intrigas. Ataques sórdidos, reputações que desabam. Não falta nada. Nem os rumores da cidade, ampliando os insucessos ou glorificando a figura do momento. Pululam as anedotas, as tiradas espirituosas. Boatos e fofocas. Talvez a multidão se acotovele às portas do Saber, mas o faz certamente em maior número às portas da Instituição.

Entretanto, para todos aqueles que não se acham, por profissão, mergulhados no universo dos comentários, na discussão de proposições duvidosas ou no estabelecimento dos textos, a filosofia grega é um Olimpo tedioso, pontuado por nomes como Platão e suas Idéias, Aristóteles e seus silogismos, como se, sem eles, não soubéssemos que o homem é mortal!

O objetivo deste livro é fazer com que essa imagem se mova, dar-lhe vida, animá-la, tirar dela prazer, riso e melancolia, alimento.

Para isso, escolhi falar de Aristóteles — escolha ditada por uma preferência confessa, que, como toda preferência, é inexplicável. Podem-se enumerar razões; as do coração fincam suas raízes em não se sabe que emoções. É melhor dizer simplesmente: gosto de Aristóteles.

Então, tenho que partilhar esse amor, esse prazer dos textos. E para isso, tenho que devolvê-los à vida que os nutriu. A vida de Aristóteles. Uma biografia responderia talvez a esse projeto, pensei.

Então, começaram as dificuldades. É que a vida relatada, a sua, mas também a dos outros "homens ilustres", é pobre, ao mesmo tempo reduzida ao extremo e cheia de detalhes incompatíveis, obra de doxógrafos que recolhem a torto e a direito informações, boatos, mexericos, adicionando suas próprias opiniões. Assim faz Diógenes Laércio, que não gosta de Aristóteles e insere em sua "vida" ligeiras maldades, irônicos epigramas e alguns julgamentos puramente levianos, tudo isso precariamente arrumado.

A biografia, tal como a entendemos hoje, não existia na Antigüidade. Nem havia essa palavra. O relato de uma vida exemplar se apresentava como exemplo, por causa da lição que se poderia tirar: defesa e ilustração de uma teoria. Não visava a exatidão, apenas a semelhança. Semelhança aliás impossível de avaliar, na ausência do original, enquanto a narração dóxica fazia o papel de original.

Meu projeto estaria prejudicado logo de saída? Seria necessário fazer uma espécie de "filme de época" ou inventar um "diário de Aristóteles"? Hesitei muito tempo, procurando uma resposta.

Depois, pensei em pedir conselho ao próprio Aristóteles. Ser fiel a ele me parecia uma homenagem, uma manifestação de respeito.

Quanto à história, ele pensava que nada se aprendia com ela, a não ser com o ocasional, com o puro acidente. A poesia, segundo ele, era mais segura, dispensava o particular, instalava imediatamente o verossímil, a ficção, mais verídica do que o verdadeiro. Passava por cima dos fatos, preservava o essencial — escandindo as palavras certas, nem enfáticas nem comuns.

Uma biografia, história de uma vida, teria lhe parecido inútil, até ridícula. Certamente, ele não teria gostado de que contassem a sua. Embora, paradoxalmente, se considere Aristóteles o pai dos (falsos) biógrafos da Antigüidade, na verdade ele aconselhava aos seus discípulos, que se sentiam tentados a reconstituir a vida de um homem exemplar, que colhessem os dados nas suas próprias obras e ilustrassem o trabalho com alguns episódios, a fim de torná-lo mais vivo, de construir um "caráter". Um personagem.

Assim, nada de biografia. Esse caminho já estava duplamente fechado, pela falta de documentos e pelo veto de Aristóteles.

Restava a idéia de um diário, Aristóteles falando na primeira pessoa. Mas, para quem se apaga por trás de uma escrita impessoal, nunca fala de si, é discreto a ponto de desaparecer nos seus livros, essa tentativa parece inadequada, absurda mesmo.

Só a morte, pensava ele, pondo um ponto final na marcha circular do tempo, podia dar sentido às ações de um homem, submetendo-as, por assim dizer, à sua ordem. Completa, acabada, uma vida vale apenas pelo seu limite. A sucessão dos dias não forma um todo, é preciso que haja um fim, que ligue os fragmentos esparsos, designe o seu objetivo.

Assim, nada de memórias, como fez Yourcenar com Adriano, nada de diário de bordo. Adriano tinha, como a maioria dos imperadores romanos, o gosto pelas belas letras, pela Grécia, e a necessidade de filosofar, ou antes de brincar de filosofar, no dia-a-dia. Que ele tenha escrito as suas memórias é, se não provável, pelo menos possível. Faz-se comodamente a analogia entre Adriano e Marco Aurélio, cujos *Pensamentos* todo mundo conhece, e que assumiu a sua sucessão —

depois de Antonino — à frente do império. Com o talento de Yourcenar, tudo se tornava crível.

No caso de Aristóteles, seria inverossímil, e, principalmente, contrário aos seus desejos.

Foi então que pensei no gênero "retrato", que não estava longe daquilo que Aristóteles aconselhava aos seus discípulos. Traçar a figura de um homem a partir das suas obras. Uma esclarecendo as outras em uma relação recíproca.

Com o que comporta de composição, de construção, com o fundo e a forma fazendo contraponto, o retrato me pareceu corresponder melhor à elaboração de "caracteres", assim como ele queria vê-los realizados pelos seus alunos.

Uma certa dose de invenção deve aparecer, nem que fosse apenas na escolha das cores, das tonalidades, dos objetos ou emblemas que fazem eco à figura principal. Como quadro, o retrato remete a outros quadros, ecos dispersos, ligados pelo fio invisível das analogias: "Parece com...", dizemos. "Lembra o azul de Klee, o bege rosado de Gauguin, faz pensar em Caravaggio, em..." Retratos pintados como o de Rembrandt, *Aristóteles contemplando o busto de Homero*, que responde em eco a *Homero ditando a um escriba,* ou ao "filósofo" no seu aposento. O pintor, superando o anacronismo, atinge uma verdade mais verdadeira do que qualquer biografia detalhada.

São estilhaços dispersos, que nos devolvem, como espelho, a imagem singular de Aristóteles.

Singular personagem, de fato. Fora dos padrões. Primeiro, não é grego, mas macedônio. Geralmente, não se fala disso, chamam-no de estagirita, palavra que não diz nada, que raramente se escreve (Estagira é o nome da sua cidade natal).

Depois, ele tem tudo para desagradar, e desagrada em primeiro lugar a seu mestre Platão. E tem a coragem de fugir das belas palavras, do lirismo, do espírito brilhante, da sedução, e preferir a descrição. Audácia rara, que o aproxima dos pintores flamengos — Rembrandt acertou.

Maneiras tímidas, um defeito de pronúncia, um gosto exagerado pelos anéis, pelas roupas. A obsessão de ler, de ler tudo. Um pouco sério demais, carregando consigo os cadernos e notas de aulas. E uma memória de dar inveja aos bibliotecários. Esse tipo "primeiro da classe" não é muito simpático. Zombam dele, ele não ouve.

OS PERSONAGENS

Aristóteles, filósofo.
Nicômaco, seu pai, médico do rei da Macedônia, Amintas.
Féstis, sua mãe.
Filipe, rei da Macedônia e grande conquistador, discípulo de Aristóteles.
Antípatro, amigo de Filipe da Macedônia e de Aristóteles, governa a Macedônia durante as campanhas de Alexandre.
Platão, filósofo, mestre de Aristóteles, dirige a Academia.
Spêusipo, sobrinho e discípulo de Platão, e seu sucessor à frente da Academia.
Xenócrates, discípulo de Platão e condiscípulo de Aristóteles, sucede a Spêusipo à frente da Academia.
Teofrasto, condiscípulo de Aristóteles e seu melhor amigo, toma a frente do Liceu depois da morte de Aristóteles.
Hérmias, tirano de Mísia, eunuco e liberto, amigo de infância de Aristóteles, recebe-o em Atarneus, depois em Assos.
Pítias, primeira mulher de Aristóteles.
Herpilis, segunda mulher de Aristóteles.
Pítias, filha de Aristóteles e de Pítias.
Nicômaco, filho de Aristóteles e de Herpilis.
Calístenes, sobrinho de Aristóteles, historiador, segue Alexandre em suas campanhas.

E o amor pelo comum, pela comunidade. O amor pelas mulheres, que passam veladas nas ruas discretas. Pelo vinho que, diz ele, provoca o sono. Pelos animais, plantas, pelas chuvas e tempestades.

Mistura no mínimo heterogênea, neomoderna, citacionista, cosendo pedaços de tecidos diferentes. Um vasto e colorido tapete. Com um vigor intelectual aventureiro, como que barroco. A vida, em suma, algo que move o corpo, agita-o, corre em cascata ao longo dos músculos, expressa-se em palavras e canto — ele gosta de poesia — precipita-se nos circuitos de neurônios, não pára nunca de produzir imagens e idéias.

A tal ponto que a linha — a marcha linear — não lhe basta. Precisa de círculos concêntricos para envolver o mundo do conheci-

OS LUGARES

Estagira, cidade da Calcídica, na Macedônia, lugar de nascimento de Aristóteles.
Pela, capital da Macedônia.
Mieza, residência real ao norte de Pela. Ali, Aristóteles é professor de Alexandre.
Atenas, capital da Grécia.
A Academia, em Atenas, escola de Platão.
O Liceu, em Atenas, escola de Aristóteles.
Atarneus, capital da Mísia, reino de Hérmias.
Assos, porto da Mísia.
Lesbos, ilha do mar Egeu.
Eubéia, ilha do mar Egeu, separada das costas da Ática pelo estreito de Euripo.
Cálcis, capital da Eubéia.

mento. Ler Aristóteles é percorrer corredores escondidos e deparar-se subitamente com o universo, dentro de um texto sobre caranguejos...

Ao pintar este retrato, insisti em certos traços, e assumo declaradamente a arbitrariedade dessa escolha. Mais do que isso, eu a quero. Para mim, a *Poética* é uma chave que abre muitas portas, inclusive — que me perdoem os cientistas políticos — a da *Política* e da *Ética a Nicômaco*. Os tratados de biologia (*História dos animais, Partes dos animais, Geração dos animais, Sobre o caminhar dos animais*...) estão no centro do seu método, do seu modo de pensar o mundo e fazer-lhe a leitura. A *Lógica* é apenas um círculo em torno desse mundo, o prolongamento da biologia no mundo do intelecto.

Essa opção não significa que não tomo partido. Mas é o partido da própria obra. Apenas tentei conjugá-la com os momentos de uma vida cujas referências são conhecidas, privilegiando certos aspectos, deixando outros na sombra — mas talvez, olhando bem, seja possível perceber os seus vestígios.

É menos a história de uma vida do que o seu movimento, o seu vigor apaixonado, a sua singularidade — mesmo que ele a negasse singularmente. Uma relação íntima com os lugares, as pessoas, os episódios de uma vida pontilhada de fracassos, de exílios. De paciência.

AS DATAS (a.C)

429. Morte de Péricles, dois anos antes do nascimento de Platão, em 427. Em 399, morte de Sócrates. Nessa época, sobe ao poder o rei da Macedônia, Amintas III (que toma o poder em 396, é deposto e depois volta ao trono em 385).

384. Nascimento de Aristóteles em Estagira, pequena cidade da Calcídica, vizinha de Pela, capital da Macedônia. Nascimento, na mesma data, daquele que será seu inimigo mais tarde, por antimacedonismo, Demóstenes. Platão já tem 43 anos e fundou a Academia três anos antes, em 387.

382. Nascimento de Filipe da Macedônia, que é pois dois anos mais novo que Aristóteles.

373. Aristóteles tem 11 anos e seus pais morrem. Seu cunhado — Próxenos — marido de sua irmã mais velha, torna-se seu tutor. Mora em Atarneus, na Mísia. Ali, o jovem Aristóteles faz amizade com Hérmias, um liberto que logo tomará o poder, será tirano de Atarneus, e acolherá Aristóteles, depois da sua partida de Atenas; Aristóteles desposará Pítias, sobrinha de Hérmias.

372. Nascimento do fiel amigo de Aristóteles, Teofrasto, que será seu executor testamentário e o substituirá à frente do Liceu.

367. Aristóteles tem 17 anos, chega a Atenas. Platão tem 60 anos e faz sua segunda viagem à Sicília. Durante sua ausência, é Eudóxio, um matemático, que dirige a Academia.

359-360. Aristóteles tem 25 anos e Filipe da Macedônia, que tem 23 anos, sobe ao trono. Intranqüiliza seriamente os gregos, a ponto de suscitar as primeiras *Filípicas* de Demóstenes, em 351. Alexandre, filho de Filipe da Macedônia, nasce em 356.

349. Filipe, durante uma de suas campanhas, destrói a cidade de Estagira, pátria de Aristóteles.

347. Platão morre. Aristóteles tem 37 anos. Há vinte anos, está na escola de Platão, a Academia. Este é sucedido por Spêusipo e Aristóteles fica furioso. Vai para junto de Hérmias, que conhece desde a infância, quando morava com seu tutor, Próxenos. Passa cinco anos no reino de Hérmias, em Assos, pequeno porto do norte da Mísia, e depois na ilha de Lesbos, em Mitilene.

346. Filipe da Macedônia e Atenas fazem a paz (paz de Filócrates).

343. Aristóteles tem 41 anos e Filipe o envia a Pela para ocupar-se do seu filho Alexandre. Permanece em Pela três anos.

340. Aristóteles tem 44 anos. Volta a viver em Estagira, que Filipe mandou reconstruir a seu pedido, casa-se com Pítias e administra as suas propriedades. Permanece em Estagira cinco anos.

336. Aristóteles tem 48 anos e Filipe da Macedônia morre, assassinado. Seu filho Alexandre lhe sucede.

335. Aristóteles tem 49 anos e abre sua própria escola em Atenas, o Liceu. Ensina durante 13 anos. Alexandre torna-se general das forças gregas. Não esquece seu preceptor e fornece-lhe fundos para estabelecer e manter o Liceu.

De 335 a 326. Campanha-relâmpago de Alexandre na Ásia. Em 326, atinge o Ganges e desposa, em 324, uma filha de Dario, Statira.

323. Alexandre morre. Aristóteles tem 61 anos e, diante da ascensão do antimacedonismo que se difunde depois da morte de Alexandre, parte para a Eubéia, em Cálcis, onde sua mãe tinha propriedades. Morre ali, em 322, aos 62 anos, no mesmo ano que Demóstenes.

Tentei ser exata, com essa exatidão que às vezes deseja a insolência, a rapidez, pois conhece os seus limites e sabe que uma palavra a mais pode ser, mais do que um erro de julgamento, um pecado do coração.

Pano de Fundo

O modelo que vai posar para nós é o de um filósofo da Antigüidade, Aristóteles. Um filósofo grego? Não, macedônio. O fundo do retrato é a Macedônia. E desse fundo depende o seu porte, o tom, as cores com que será pintado, e talvez as particularidades da sua vida.

Veríamos montanhas ásperas, vales profundos, florestas virgens, torrentes. A Macedônia, domínio das Musas e das Bacantes, gritos e rumores orgíacos, celebração de cultos estranhos, agitados, latidos de cães, arremetidas de javalis solitários, paixões trágicas nos palácios soberbos, riqueza da Pieria, na vertente nordeste do Olimpo, onde as nove Musas têm seu templo, em Díon. Nos bosques, Orfeu toca cítara. A Macedônia e seus três rios, que irrigam o país. Belos cavalos, planícies férteis.

Ao norte, na direção da Trácia, o Pangeu, monte sagrado, morada de Dionísio, com suas minas de ouro.

A leste, a região do mar Egeu, a costa recortada, as alturas do monte Atos. O mar e os habitantes marinhos, os navios que passam ao largo, levando sonhos, como o *Argo* de Jasão. Histórias de viajantes, lendas. É a região da Calcídica, apoiada nas costas montanhosas, mergulhando no mar seus promontórios. Abriga numa enseada, na foz do rio Axios, a cidade de Salônica, e em outra, aberta para o alto mar, a pequena cidade de Estagira.

Para um ateniense, toda essa região cheira a selvageria, a enxofre; algo da barbárie dos persas, raça abominada. De fato, é a Macedônia que se alia a Xerxes em seu avanço sobre a Grécia. É dela que vêm um perfume de opulência e um sentimento de inquietação — os olhares dos macedônios se voltam excessivamente para Atenas. Pobre, a Macedônia seria apenas objeto de desprezo; rica, ela dá medo e faz inveja. É verdade que o trono dos seus reis, ainda que dourado, está algo vacilante, mas sempre se deve temer alianças com a Ásia, intrigas suspeitas. Em suma, esse vizinho não é visto com bons olhos. Mesmo (e principalmente) se os laços entre os dois países são estreitos: as lendas, a literatura, a história os mantêm ligados.

A literatura trágica

Nas *Bacantes*, Eurípides tira do Olimpo macedônio os traços para ornar o monte Citáiron, onde se cumpre o destino trágico de Penteu. Inspiradas por Dionísio, insultado por ele, as Mênades o perseguem e despedaçam. Eurípides situa essa cena na Beócia, mas são as neves cintilantes, os bosques, as torrentes do Olimpo que lhe servem de modelo.

"Eu queria fugir... para os mais belos lugares do mundo, a Pieria, morada das Musas e vertente sagrada do Olimpo. Para lá, para lá, Brômio, guia das Bacanais, conduze-me [...] Os recantos do Olimpo com bosques espessos, onde outrora o som da cítara de Orfeu reunia as árvores e os animais selvagens... Feliz Pieria, Evehios te saúda... À frente das Mênades, dirigindo-lhes o cortejo, atravessará o rápido Axios, depois o Lídias, pai da abundância, que, como dizem, dá de beber as suas mais belas águas ao país das éguas soberbas..."

As Bacantes foram escritas, ou pelo menos representadas, em Díon, diante dos macedônios entusiastas. Na primeira fila, Arquelau, o grande rei que, brilhantemente, unificou os territórios, organizou o exército, atraiu os poetas, entre os quais Eurípides, mas que foi também um criminoso.

As lendas

O herói grego por excelência, Héracles, teve como descendentes os reis da Macedônia. E, além de Héracles, é ao seu único antepassado, Perseu, e à longínqua Io, a ninfa transformada em vaca, que se liga o trono da Macedônia. Io, a viajante perseguida pela mosca até os limites do mundo conhecido; Perseu, afrontando a Górgona no país mítico das Hespérides, na outra margem do Oceano, ou perto dos hiperbóreos, no alto norte; enfim Héracles, levado por seus trabalhos aos quatro cantos da terra — destino de errância, de violência, de conquista.

A história

A história liga uma parte da Macedônia, a Calcídica, aos colonos gregos que a fundaram, vindos de Cálcis, na Eubéia, ilha vizinha à Ática. Apenas o canal de Euripo, estreita passagem movimentada, de marés contrárias, as separa. Dizem que Io, a ninfa metamorfoseada em vaca lhe deu o seu nome — Eubéia, de *bous*, significaria "bela vaca". Foi também na Eubéia que a fogueira de Héracles, segundo alguns comentários, foi armada no monte Oita. Múltiplos laços assim tecidos, enleando os nomes e as genealogias, o mito e a história.

Acrescentemos a atração da Ásia. Tróia está mais perto da Macedônia do que da Ática. Nas costas diante do monte Atos, que se vê nos dias claros, as ilhas de Lemnos, de Lesbos, a costa da Mísia, a Lídia. O horizonte da *Ilíada* está presente, concreto, desejado. Ele envolve com seu encanto o país inteiro.

Entre Atenas e a Macedônia, proximidade distante, familiaridade ressentida, ciúme mútuo. É nesse cenário que se representa o drama da conquista, da resistência e enfim da aliança, obrigada pela força, e as reviravoltas da política ateniense.

Entram nesse cenário a silhueta maciça de Filipe, o vencedor de Queronéia, o vulto mais elegante de Alexandre e seu pan-helenismo. A guerra, as travessias para a Ásia. Uma espécie de violência barroca.

Mas principalmente a aspereza do norte, as florestas verdejantes e seus animais, uma natureza rica, exuberante, em oposição à luz seca da Ática. Talvez a força bruta da vida, opulenta, inesgotável, em oposição à determinação construída, abstrata, das cidades. O rústico contra o civilizado.

Primeira tela, primeiro fundo, sobre o qual vêm pintar-se outras formas, em superimpressão.

A ilha de Eubéia, hesitando entre a Macedônia e a Grécia. Pedaço cortado de ambas. Terra separada da região ática, pertence-lhe por sua posição, mas ela própria gerou outra terra ao norte, esta macedônia. Duplo olhar, dupla filiação.

Entre as duas, as ilhas do mar Egeu, Lemnos, Lesbos, na mesma dualidade, próximas da Ásia Menor e voltadas para a Macedônia, acolhem e misturam suas fundações diversas. Uma, Lemnos, é plana, batida pelos ventos, somente algumas colinas; outra, Lesbos, tem colinas e florestas, na calma luminosa de um horizonte sereno. Seus nomes estão ligados a Sófocles — *Filocteto* tem Lemnos como cenário —, a Ésquilo, que, em *Os Persas*, enumera as conquistas de Dario na Grécia. "As ilhas banhadas pelas ondas que, diante de um promontório marinho, se erguem perto do nosso país, Lesbos..."

Mas eles também evocam as guerras contra os atenienses. Mitilene, a capital de Lesbos, renuncia à sua aliança e pactua com a Lacedemônia. Lemnos, em contrapartida, envia forças contra Mitilene que, vencida, rende-se aos atenienses e torna-se um Estado vassalo.

Um constante vaivém une e separa essas ilhas e a Ática. Assim a maré zomba do navio sem propulsor que força a sua marcha.

Enfim, para servir de contraste e emoldurar o conjunto, como as construções de pedra escandem uma paisagem, e fazendo-a aparecer, a dissolvem na distância, Atenas. Pólos contrastados, jogando com suas diferenças, com seu peso e sua atração.

A moldura está posta. Nosso personagem não fugirá dela, ficará no triângulo assim formado. No alto, à esquerda, a Macedônia com sua capital Pela, e sua cidade natal, Estagira, a casa paterna. Na zona direita do quadro, no alto, a costa asiática, a *Ilíada* de Homero, a Mísia com sua capital Atarneus. Ainda no alto, mais ao centro, Lesbos. Lugar de exílio, de solidão e trabalho. Também à direita, porém mais em baixo, no ângulo do quadro, a ilha de Eubéia com Cálcis, a capital, a casa materna. No centro, ligeiramente deslocada para a direita, Atenas.

Essa cidade prestigiosa serve de eixo, faz gravitar à sua volta a constelação triangular dos espaços. Sem ela, não há centro de gravidade, não há narração possível. É ela que dá sentido ao périplo, às margens que a designam como centro.

O quadro está composto, ereto e vertical contra a parede. Agora, pode-se esboçar a figura que anima esse conjunto, e que, cercada como que por pregas de um manto, recebe dele os seus limites, ressoa com os rumores do fundo, e, em retribuição, dá vida à paisagem que reúne em torno de si.

Coberto com um chapéu de abas largas, Aristóteles pousa a mão no busto de Homero. Está vestido como um príncipe e do pescoço pende uma corrente de ouro, onde se vê um medalhão: o retrato de Alexandre da Macedônia.

Homero, que cantou Tróia, Alexandre, cujo sonho é reunir em um só império a Macedônia, a Grécia e os países da Ásia. Aristóteles está pensativo, entre a lenda e a história, entre a Grécia e a Ásia. Uma cortina púrpura que serve de fundo para a sua silhueta maciça está levantada sobre uma pilha de livros. O horizonte é isto — a vida nos livros. Fiel da balança que mantém em equilíbrio as duas partes do seu mundo. Mas se ele está preso pela corrente e pelo medalhão à sua Macedônia natal, olha para o lado de Homero, para a Grécia.

É *Aristóteles contemplando o busto de Homero*[1] — ali, Rembrandt, de uma só vez, na pintura de uma sombria e cega meditação, ignorando o anacronismo do chapéu e da roupa, abre a porta do fundo, onde aparece a verdade do personagem.

NOTA

1. New York Metropolitan Museum of Art. Assinatura e data: Rembrandt F. 1653.

Genealogias

Não saberíamos nada sobre todos esses Nicômacos...

Nicômaco é médico. O pai de Nicômaco também se chama Nicômaco; o avô é Macáon, e o antepassado mais longínquo ninguém menos do que Esculápio.

Grande tradição, bela linhagem. Depois dos dois Nicômacos, vem um Aristóteles, depois volta-se ao terceiro Nicômaco, filho de Aristóteles.

Certamente, não conheceríamos esse nome, Nicômaco, se um deles, o último, não fosse o destinatário de uma Ética, a *Ética a Nicômaco*, escrita por Aristóteles para o seu filho.

Nesse momento, é preferível ser filho e neto de alguém. Platão diz que é descendente de Sólon (sexta geração e pelas mulheres, mas pouco importa!); os reis da Macedônia, de Héracles. Fica tudo em família: deus ou semideus da mitologia, grandes homens da história, personagens de lenda. A força, a justiça ou a cura.

De qualquer forma, não saberíamos nada sobre esses Nicômacos descendentes de Esculápio sem um dos seus rebentos chamado Aristóteles.

Ao romper com a tradição que manda que o filho tenha o nome do avô, Nicômaco, o médico, dá a seu filho um nome grego, Aristóteles, que se parece curiosamente com outro nome — Aristocles, que se apelidará Platão, por causa de sua fronte larga, de suas largas espáduas, ou ainda por causa do seu estilo amplo.

Houve sete outros Aristóteles, escreve Diógenes Laércio, todos trataram de escrita, de retórica, de moral, e um deles foi completamente nulo, "um gramático insignificante que escreveu sobre a redundância".[1]

Aristóteles não tem apelido. Seu pai lhe dá esse nome porque está farto de ser um médico macedônio, isto é, um pouco asiático. Tradicionalmente, os médicos são de Cnido ou de Cos, os curandeiros vêm das ilhas, perto das costas de Cária, na Ásia Menor. O próprio Hipócrates é da ilha de Cos, suas receitas e seus princípios são bem conhecidos. Seu renome se estende sobre o país. O médico Nicômaco conhece suas obras. Suficientemente bom médico para ser o do rei da Macedônia, é rico, benquisto na corte, tão prestigiado quanto um médico pode ser. Entretanto, confinado ao seu papel, que é o de um artesão, como é o de arquiteto, certamente útil à cidade, mas namorando a ciência sem ser sábio, e inserido na prática sem ser verdadeiramente um trabalhador manual. Nem exatamente pensador, nem exatamente operário.

Para o seu filho, Nicômaco quer um destino grego, o que significa sem dúvida, para ele, ser um intelectual ou ainda um filósofo. Ele sabe a importância do nome. O nome empenha aquele que é nomeado e aquele que dá o nome — o onomatoteta — e é verdadeiramente criador de pleno direito. Ele forja o destino — se possível brilhante —, o renome, e assim sobrevive a si mesmo. O nome assegura a imortalidade de quem dá o nome. Ora, há dois modos de adquirir renome: ou pelo nome do pai e do avô, ou pelo valor pessoal que fará brilhar o nome do homem valoroso. A primeira opção está eliminada: fora da corte da Macedônia, onde eles ocupam uma posição honrosa — são médicos do rei — os Nicômacos não são conhecidos. É preciso pois tentar outra coisa. Resolutamente, o pai torna o filho mais grego do que macedônio. Projeta-o, e projeta-se, em um destino ateniense. Na falta de uma ascendência brilhante, pelo menos terá a possibilidade de tornar-se célebre nas situações em que o mérito vale tanto quanto a ascendência. Assim pensa Nicômaco pai.

(E pensar que Aristóteles poderia se chamar Nicomaque...* Com o N nasal que fecha o som no início e o "aque", que arrasta poeticamente atrás de si um langor raciniano, como o de Andromaque, por exemplo. Todo o sistema dos nossos saberes deveria ser refeito! Imaginar o aristotelismo transformando-se em "nicomaquismo", os aristotélicos em "nicomacianos". Não só se perderiam os nomes-referências, mas também se perderia o conteúdo. Jogar esse jogo com

* Evidentemente, a autora brinca com a versão francesa do nome grego. (N.T.)

todos os nomes da literatura, da ciência, da arte. Imaginar o resultado, só para ver...)

Nascimento

Nicômaco espera um filho de sua mulher Féstis. Pensa que será um menino, e robusto, porque Féstis se queixa dos pontapés que o feto lhe dá dia e noite. "Isso é porque o macho difere muito da fêmea pelo calor natural; assim os embriões machos se mexem mais do que os embriões fêmeas."[2]

Não seria surpreendente que ele nascesse aliás com protuberâncias por todo o corpo. "Movendo-se, o embrião macho tem mais ocasião de danificar-se."[3] Mas ele vem ao mundo mais depressa, enquanto o parto, no caso das meninas, se prolonga. Também dá conselhos para que o parto decorra bem; é preciso reter a respiração, exercitá-la.

Estamos em Estagira, na região alta. A casa é confortável sem ser luxuosa. Os cômodos são pequenos, mas em número suficiente. Distribuídas ao longo do pátio interno, a cocheira, a estrebaria. Talvez uma sala para guardar poções, plantas, pilões, amostras de larvas de insetos, instrumentos de vivissecção.

Várias empregadas estão atarefadas junto da dona da casa. Faz calor. Pelo menos, é o que penso, pois, se sabemos o ano (primeiro da 99ª olimpíada), não sabemos nem o mês nem o dia.[4] Eu gostaria que fosse sob o signo de Touro, ao qual corresponderiam a cabeça grande, as pernas finas, o pescoço forte e a cabeleira espessa, como a tradição descreve. Mas estamos talvez em agosto, e a criança nasceria sob o signo de Leão.

De qualquer forma, ele se esforça para sair do útero. O pai não se enganou, é um menino. Deus seja louvado, a natureza fez seu trabalho sem nenhum desvio — respeitou a lei genérica; o esperma do pai deu um futuro portador de esperma, seu movimento foi bastante impetuoso para dar forma à matéria; ele a trouxe para si, ao invés de ser dominado pela fêmea.

Com quem se parece a criança? Por enquanto, com ninguém, ou com um recém-nascido, mas supõe-se que ele se parecerá com o pai ou com o avô. Esse ponto é polêmico, será discutido durante muito tempo.[5] O próprio Aristóteles não sabe com quem se parece ou de quem difere; prefere pensar — mas neste momento, ele não se preocupa

GENEALOGIA

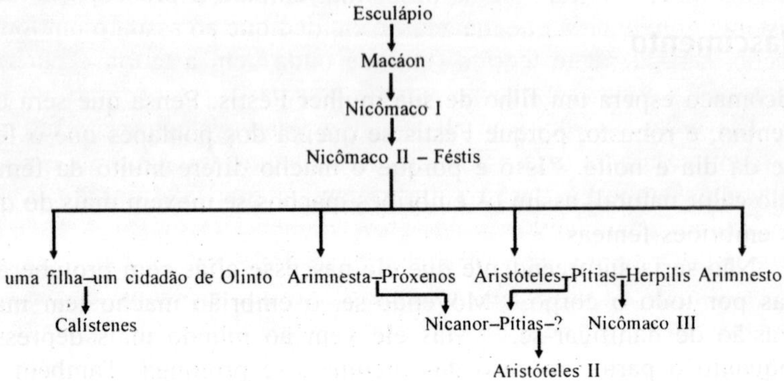

Aristóteles tinha duas irmãs mais velhas. A primeira, cujo nome não se conhece, tinha um filho, Calístenes, erudito, que se ocupava de história, e que foi recomendado por Aristóteles a Alexandre, que o levou em suas campanhas na Ásia. Suspeito de traição, foi executado. Início do desentendimento de Aristóteles com Alexandre.

A segunda, Arimnesta, viveu em Mísia, em Atarneus, e seu marido, Próxenos, tornou-se, com a morte dos pais de Aristóteles, seu tutor.

Seu filho, Nicanor, seria legatário de Aristóteles e desposaria sua filha, Pítias.

Mas ele morreu e Pítias se casou novamente. Do segundo casamento, um filho, Aristóteles número 2, tomou o nome do avô, segundo a tradição. Seria aluno do melhor amigo de Aristóteles, Teofrasto.

Enfim, um irmão, Arimnesto, que morreu jovem, sem deixar descendência.

Quanto a Aristóteles, teve com a primeira mulher, Pítias, uma filha, Pítias, e do seu segundo casamento, com Herpilis, nasceu um filho, o Nicômaco da *Ética a Nicômaco*.

com isso — que a harmonia do casal parental produziu um exemplar correto da união do gênero e do individual. De fato, ele está bem vivo, é um homenzinho, mas é também o produto de um pai como o seu. Se não se parece com este, deve-se reconhecer que ele se parece com os ancestrais do ramo materno, mas isso seria duvidar da potência de Nicômaco. Omite-se esse problema, embora a preocupação seja bastante grande para que mais tarde ele dedique ao assunto um longo trecho, sensatamente teórico (mas de onde vem a teoria e por que tratar desse assunto e não de outro?)

Ele nasceu. O pai está ali, e seus cuidados atentos não faltarão ao menino durante toda a infância. Assim como foi atento na escolha do nome, também o será na linguagem. A ama falará grego, e não um idioma qualquer das montanhas vizinhas. O jovem Aristóteles deve falar a língua do país que a Macedônia sonha conquistar. A superioridade da Grécia é indiscutível, só que é preciso dominá-la. Projeto confessado de Filipe, filho do rei Amintas, que é cliente de Nicômaco.

Filipe é dois anos mais jovem que Aristóteles. A ambição que se pressente nele poderá ser útil a seu filho, quando chegar a hora. A infância dos grandes homens é mais curta do que a das crianças comuns. Maioridade, poder e decisão lhes ocorrem cedo. Tudo está bem calculado. O diagnóstico é bom. Certamente, Nicômaco pai era um excelente médico, desses que levam em conta o caráter de seus pacientes.

Infância

A casa de Estagira é o domínio do pai; a mãe tem propriedades na Eubéia, em Cálcis, uma cidadezinha comercial às margens do Euripo, diante da costa ática.

Curiosamente, como se fosse necessário separar o nascimento da morte por alguma distância, repetindo o duplo princípio da geração macho e fêmea, Aristóteles nasce na casa paterna e morre na materna. E, como se diz, de uma doença do ventre, a menos que tenha se jogado no estreito canal de Euripo.

Mas, no momento, é o tempo da infância, as brincadeiras com Filipe nos jardins do palácio, em Pela. A confiança, as conversas com o pai, e já a leitura. Parece que não gosta muito de esporte, monta a cavalo sem entusiasmo, é apenas razoável no arco e flecha e na caça, que são as ocupações favoritas do amigo. Aristóteles o segue nas florestas que cercam Pela, mas principalmente por causa das árvores, das plantas, dos pássaros e dos animais, mais ou menos selvagens. Javalis, cervos de galhadas ocas, raposas ruivas, lobos lhe são familiares. Conviveu com eles e os conhece bem: irascível, cabeçudo e intratável é o javali; inteligente e tímido é o cervo; o lobo é de boa raça, selvagem e traidor, não degenerou; a raposa é malfeitora e capaz de tudo.[6] Mas talvez, secretamente, Aristóteles prefira as praias e o incrível mundo dos animais marinhos, com as lagostas e lagostins, que se encontram perto do monte Atos, junto a Estagira, os jovens atuns, os esqualos, os golfinhos, as estrelas-do-mar, o ouriço, que é tão gostoso no inverno e tão detestável na primavera, depois da postura.[7]

Talvez Pela, para onde o leva o pai, quando vai ver Amintas, não seja o seu lugar natural. Pela está a duas boas meias-jornadas de viagem. O palácio, com a riqueza dos seus estuques e dos seus afrescos, com os pilares de mármore, com a imponente massa da sua arquitetura, o barulho dos soldados, dos guardas, dos servidores, tudo isso é um tanto difícil de digerir, embora o menino não se deixe intimidar facilmente.

Mas em Estagira, a praia do mar Egeu está lá, bem perto. Um pequeno porto, pescadores, crianças da sua idade, brincadeiras nos rochedos, perseguir os caranguejos de andar cômico — é inexplicável como as crianças gostam de pegar os caranguejos, atormentá-los, virá-los, revirá-los, manipulando-os com um delicioso arrepio de medo. Sem dúvida, Aristóteles os leva para casa, junto com as conchas, tartarugas, um zoológico inteiro, que ele forma pacientemente. No seu quarto ou num canto da cocheira? Talvez até às escondidas ele use os instrumentos do pai para descascar os bichinhos. Deixam que ele se divirta, com a condição de jogar tudo fora quando começar a cheirar mal demais.

Aliás, ele tem outras preocupações. Gosta de ler, e os livros não faltam nem em Estagira nem em Pela. Os reis da Macedônia protegem as letras e as artes. Zêuxis pintou os afrescos do palácio, Filipe abrigará suntuosamente Lisipo. Os poetas cantam Homero, que Aristóteles sabe de cor. Logo que se acabam de escrever, as obras dos filósofos de Atenas são conhecidas. Ainda que não compreenda o que lê, Aristóteles tenta memorizar o que apreende. É a idade em que a inteligência se impregna de uma atmosfera, nutre-se dela, move-se facilmente através de pedaços de conhecimento que pouco a pouco se organizam. Aristóteles não é nem uma criança-prodígio, nem um superdotado; nenhum sinal brilhante presidiu ao seu nascimento, nenhum pretexto para construir uma lenda — como a que inventaram para Platão. Simplesmente, ele é atento, paciente, curioso a respeito de tudo.

Ele está com onze anos e seus pais morrem.

Margens

Mortes. Morte dos pais. Morte do irmão. A vida pontuada de desaparecimentos. Não só por acidente — os pais, mortos não se sabe como, uma febre avassaladora, uma queda fatal — mas inscritos na própria necessidade da vida. Pois não se pode fechar o círculo, não se pode remontar do fim ao começo. Impossível alcançar com um movimento circular perfeito esse ponto do círculo em que a geração fez a sua obra de vida. Morre-se separado do começo, e porque, justamente, se está separado desse começo.

Separado. Deixado às margens, em Estagira. Separado do seu começo, transformado ele próprio em começo.

Diante dos elementos que se repetem, indefinidamente semelhantes — o mar, o céu, esta praia tão familiar —, ele experimenta um sentimento de impotência. A surdez do mundo em sua perfeição, ele não precisa de mim, ele se move acima da minha cabeça, sem nenhuma piedade, ternura ou amizade.

> Já que existem fenômenos que se seguem de maneira circular como a nuvem acarreta a chuva, que se evapora e volta a ser nuvem — como pode ocorrer que não possamos, animais, homens, voltar, voltar a ser nós mesmos?
>
> *Da geração e da corrupção*, II, 11.

A interrogação resiste, insiste, longamente, ainda e depois, destacada da dor imediata pela elaboração, pelo enunciado de uma proposição no meio de outras, que a envolvem e tornam consistente.

A resposta, bem mais tarde, fecha o livro *Da geração e da corrupção*:

> Isso se deve, certamente, ao fato de que o nascimento do teu pai não acarreta necessariamente o teu nascimento, enquanto o teu nascimento supõe necessariamente o dele.
>
> *Da geração e da corrupção*, II, 11.

A reversibilidade não atua. Lições do circular e do linear. "O que pertence à geração parece fazer-se em linha reta." O pai não pode gerar-se a si mesmo, o indivíduo desaparece, e tudo o que pode sobreviver dele, tendo-o gerado, é a espécie.

É isso. Somos "sublunares" e não astros girando no céu, mas animais andando sob a lua. Luas frias, noturnas, no céu da Macedônia, acima do mar Egeu, em Estagira. Geada de solidão, destino que só pode ser este: separar-se do começo. Diante do mar que volta incansavelmente onda após onda — esta parece morrer, mas vem outra, a mesma — diante da fixidez dos astros e do universo fechado sobre si mesmo, a marcha dos homens depende de uma necessidade que não é aquela de que se nutrem os elementos.

Geometrias plurais. Para umas, o círculo, para outras, a linha. Elas se superpõem sem encontrar-se. Nenhuma saída.

Ou então, apenas uma: mergulhar no detalhe dessa marcha, seguir o que se situa sob o sublunar, passo a passo. Com as ferramentas de que dispõe: a observação, a elaboração, pela linguagem, dos objetos deste mundo, a construção mais ampla possível das suas ações mútuas. O que se chamará "sistema".

E trata-se de conhecimentos a que respondem a sua curiosidade, o seu gosto pela leitura, e que o tutor Próxenos, marido de sua irmã, facilita. Toda a sua adolescência se passará com e nos textos. Ela acabará — ou prosseguirá — em Atenas, onde os textos vivem e falam, e na única escola digna desse nome, a de Platão.

Com 17 anos, parte para a capital.

Muitas vezes atribuímos uma data ao começo da nossa vida: "a partir daquele momento, comecei a existir verdadeiramente." Assim, nascemos em qualquer idade, com 17, 20 anos, às vezes até mais ainda. Parece que antes disso a vida não era nada, antes dessa decisão, dessa virada. Toda uma parte de vida (de não-vida) é lançada no esquecimento, na não-consistência, empurrada para a região dos sussurros, não se pensa mais nela. Ela desaparece na sombra projetada de um presente cheio de promessas. Acreditamos nascer de novo de um mundo obscuro, nascer para uma nova luz. Não, nada é "como antes". Isso é desprezar a aprendizagem e as inclinações, determinações bem arraigadas, preferências e até uma firme disposição, ordenada para nossas experiências. Esquecemos que já somos o que somos. Já o éramos antes de enunciá-lo. O aparelho está montado. Ainda não foi testado, mas está lá como um motor imóvel.

SUBLUNAR

É uma região do céu situada sob o céu imóvel e necessário, fixo. Uma região que abraça os fenômenos atmosféricos — meteorológicos — e os fenômenos astronômicos. Estes resultam de diversas combinações mais ou menos estáveis, de transformações dos elementos. É sob essa camada, sujeita aos acidentes, contingente, que se movem os seres que nós somos.

Ver *Meteorológicos*.

Por outro lado, o sublunar é o lugar geral de todos os movimentos locais, sujeitos à medida do tempo e ao seu desgaste.

Ver *Física*, livro III.

Aristóteles acredita que segue a escola de um pensamento, acredita que está se formando. Esquece que as perguntas, para ele, já foram feitas, e esperam a sua resolução — a forma da pergunta prejulga as respostas que podem ser dadas — e que a sua direção não se deixará facilmente desviar para outros tipos de resolução.

Ele esquece, ou ainda não sabe disso.

NOTAS

1. Diógenes Laércio, *Vidas e doutrinas dos filósofos ilustres*, V, 35.
2. *Geração dos animais*, IV, 6 e *História dos animais*, VII, 4.
3. Ibid.
4. Isto é, contado segundo o calendário gregoriano, 384-383 a.C. Os gregos antigos mediam o tempo em olimpíadas. Uma olimpíada representa o intervalo de tempo que separa dois jogos olímpicos, ou seja, quatro anos.
5. *Geração dos animais*, IV, 3.
6. *História dos animais*, I, 1.
7. *História dos animais*, V, 7.

Atenas 1

Provincialia

O jovem provinciano desembarca em Atenas. ("Vai para Paris, apresenta-se em Harvard, Dublin, Iena...") Fica impressionado com o barulho, os rumores, os odores, o mar de gente, de palavras, as lojas, o mercado, as cores. As pessoas parecem ignorá-lo e ao mesmo tempo o interpelam. É acotovelado sem piedade: "Sai daí... Ei, você, o que você quer? Não, a Academia é do outro lado, ali atrás." Fala-se muito depressa, com expressões que ele não conhece. Hesita antes de pedir informações. Sabe que gagueja,[1] que sua pronúncia não é irrepreensível. Começa a se sentir pouco à vontade. Tímido, desajeitado.

Provavelmente, carrega um saco de pano verde jogado nos ombros. Faz calor. A cidade é poeira, luz branca que empalidece as cores, o ar está abafado, úmido. Procura a sombra, respira mal. É como uma febre, um nó no estômago, náusea. Repete: "Estou aqui, estou aqui..." É o centro do mundo, e ele está ali.

Percebe a ironia das palavras, uma condescendência zombeteira. Pensa: é a rua, o povo ateniense, com seu espírito aguçado, seu ar atarefado. Na Academia, não será igual; lá se trata de coisas sérias. Lá me sentirei em casa, com gente como eu, ocupada com ciência. Perguntam-lhe: "Você é do norte, da Macedônia, por acaso?" "Nasci lá", responde, como alguém que não quer se comprometer, deixando pairar uma dúvida. Pois ele é prudente, cauteloso. Aprende-se logo a prudência, no contato com os grandes, e na corte de Amintas era uma virtude indispensável. Considerar as decorrências possíveis de uma ação, ver as suas conseqüências, medir as dificuldades. É isso, tomar a medida dos incidentes. Inútil expandir-se aqui, dizer a verdade. Ela é preciosa demais para ser deturpada. E aliás, será que ela existe nas coisas da vida cotidiana? O rapaz é discreto, tem o senso dos limites. A prudência ensina a agir como convém, segundo a ocasião. E se a tensão entre o povo de Atenas e seus vizinhos do norte é muito evidente, é problema deles, não o seu, não agora.

Agora, é entrar para a Academia, fazer os cursos. Só isso importa.

A Escola, já célebre, encontra-se fora das muralhas, a noroeste de Atenas. É um antigo ginásio, sob a proteção do herói Hecadêmion. Na verdade, ela deveria chamar-se Hecademia. (Outra história de nomes. E os nossos acadêmicos transformados em hecadêmicos...)

Ao longo da estrada que leva ao ginásio, estelas, túmulos dos combatentes mortos pela glória de Atenas. Inscrições, memória. E um buquê de árvores secas, queimado de sol — o pequeno bosque sagrado dedicado ao herói. Mais grego, impossível. Nos limites do ginásio, salas de aula, algumas arquibancadas em semicírculo, quadros para a geometria, espaço para o exercício do corpo.

Avalia-se mal, pela medida das nossas práticas atuais, o tempo de aprendizagem em Atenas. Ele não é ritmado pelo ano universitário com seu cortejo de exames, diplomas, teses. Aliás, quando ele ocorre? Em que estação? Quando é a "volta às aulas"? Há uma volta às aulas, matrículas, fila de espera diante de gabinetes hostis?

Tudo acontece na duração, não fragmentada em sucesso ou fracasso. Progride-se? Regride-se? Não se sabe. Em relação a quem ou a quê? Não há normas. Não há carreiras que se abrem para o aluno brilhante, não há banca dando nota ou parabéns. Não há Collège de France à vista, nem essas vantagens financeiras que cintilam no firmamento dos currículos. O único critério é íntimo, não-explícito, reduzido à avaliação pessoal. Sem dúvida, essa avaliação se alimenta de comentários — uma palavra do mestre, uma atenção particular. Satisfação ou insatisfação com o trabalho terminado. Pode-se imaginar a dose de solidão, e, ligada à solidão, a indispensável confiança em si mesmo.

Confiança. É preciso que ela seja grande para suportar o julgamento dos outros. Os gracejos, as ironias, as intrigas da corte.

Rumores

Porque o curso é também uma corte. Onde vence a adulação, atuam as pequenas humilhações, desenvolvem-se pálidas conspirações, ditadas pelo ciúme. Exclusões, clãs. Antes de mais nada, Aristóteles

DOXA

Ou "opinião". Para a Antigüidade e até nossos dias, é a mais baixa forma de conhecimento. Designa o que nos vem por ouvir dizer, que não está sujeito a controle, que se aceita sem pôr em dúvida, que vem não se sabe de onde (de boca em boca), e que é, pois, forçosamente, mutilado, truncado, falsificado. A opinião pode ser corrigida ("opinião reta"), segundo Platão, mas é preciso passar para a etapa superior para ter acesso à ciência. Para Aristóteles, e é isso que o distingue do seu mestre Platão, a *doxa* com suas imperfeições é, entretanto, muito interessante, e, longe de eliminá-la, ele lhe dá um lugar no discurso comum: ela manifesta, efetivamente, em sua própria forma, algo daquilo que é aceito por todos como verdade; ela explica o que é verossímil. Assim, argumentos tirados da *doxa* não são nulos; servem, ao contrário, ao advogado ou ao juiz, que constroem o seu raciocínio a partir de premissas "dóxicas", não certas, mas "verossímeis". São os raciocínios ditos "entimemas", construídos a partir das "opiniões admitidas por todos os homens ou pela maioria deles...".

Ver *Retórica*, livro I.

aprende que os filósofos experimentados ou aprendizes não são sábios imunes às paixões vulgares. Com a diferença de que os conflitos são surdos, resolvem-se em finas maldades e rumores, mais do que em dramas sangrentos. Até parece que estamos na corte de Amintas ou de Filipe.

Os rumores. Em Atenas, eles são onipotentes. São chamados de *doxa*, opinião, ou melhor, opiniões, pois ela é plural. Não é um simples boato de corredor, é a palavra viva que vai e vem entre as pessoas.

O povo de Atenas é tagarela, volúvel, gosta de anedotas, de contar histórias. Põe nas nuvens aquele que acabou de condenar, a partir de um mexerico, de uma insinuação que não se sabe de onde veio. A desconfiança dos filósofos é compreensível, a sua defesa contra a opinião, última e mais baixa forma de conhecimento. O diz-que-diz incontrolável, sem nenhum critério de verdade. Mas ao mesmo tempo, esses mesmos filósofos não desdenham servir-se dele contra seus inimigos, jogando todo tipo de jogos de opinião, lançando slogans, fazendo frases, que são repetidos com prazer.

Por ter sofrido com ele, pelo menos Aristóteles sabe que o boato existe. Que a *doxa* é poderosa, onipresente. Capaz de golpes sujos e de favores inesperados. É astuta, meio veneno, meio remédio. Inventa, borda, repete, envolve seres e ações com seu tecido furta-cor. Aristóteles não a menospreza, talvez até ria de suas fantasias, de seus achados de linguagem. Freqüenta os cafés, fala com os artesãos sobre seus ofícios por curiosidade por seu trabalho, e não como o Sócrates de Platão, para lhes pregar sermões de moral. Sim, a *doxa*, para ele, tem algo a ver com a vida, com sua realidade generosa, abundante, ligada às gerações sucessivas.

"Dizem que... Os antigos diziam que..." Muitas vezes, com essas palavras, quando começar uma reflexão, Aristóteles fará reverência, renderá homenagem à *doxa*, grande narradora. E até à sua língua, que transporta a memória e se alimenta de imagens.

Ler, escrever

"O leitor." O qualificativo lançado por Platão cai sobre Aristóteles. Pronto, está marcado. Não que a voz de Platão seja sonora (ao que se diz, ela é fraca), ele não é um orador e a Academia não é a praça pública, isto é, não exatamente. Mas essa palavra é insidiosa, é eficaz; envolve o personagem, caracteriza-o. Cola na sua pele. O que entender com isso? Elogio ou leve reprovação? De qualquer forma, uma palavra incisiva. Estigmatizaria o aluno laborioso, pesadão, ou até pedante, admiraria com uma ponta de ironia talvez invejosa o gosto pela referência, um espírito enciclopédico? Queria dizer "plagiador"? Preferia Platão a vivacidade, a presença de espírito, a elegância da elocução, uma chama mais expressiva — qualidades próprias aos jovens e belos aristocratas que o cercam? Estava talvez irritado pela resistência que sentia à sua própria sedução. Ele também o chama de *nous*, inteligência — diríamos "um crânio", "aquele ali é um crânio", com uma certa admiração irônica. E, realmente, não se sabe bem a que corresponde essa apelação.

Leitor ou ledor? O leitor lê o que está escrito, em voz alta, e, na ausência do escritor, o torna presente, fazendo soar as suas palavras. É o porta-voz, no sentido próprio. Diríamos: ele faz ou dá uma leitura. Personagem útil, mas secundário, meio pelo qual os textos abrem caminho, matéria fêmea submissa à força viril do escritor. Empresta-voz. A leitura em voz alta faz do leitor o escravo do escritor. Em certo sentido, o leitor é um erômeno, o elemento passivo do casal pederástico. Ele estende o seu órgão vocal para a penetração da escrita. Em alguns vasos gregos, vê-se o desenho de rapazes em posição de leitores: de pé, quadris fletidos para trás, tentando decifrar um texto sobre uma espécie de estela. O domínio do mestre sobre o aluno é deste tipo: o aluno lê o que o mestre dá a ler, relação pedagógico-pederástica, que caracteriza uma certa forma de educação, a da Antigüidade grega. "Leitor", tomado nesse sentido, é um qualificativo pouco elogioso, que fixa uma posição e lembra a do escravo. Efetivamente, são os escravos que lêem para os seus senhores.

Ledor, em contrapartida, remete à prática de uma leitura muda, solitária. Ler para si. Silenciosamente. Impregnar-se do texto, ser apenas um com ele. Substituir o escritor, fazer soar as palavras na cabeça. Prática textual que intervém bastante tarde na vida intelectual antiga, e que não é freqüente. Lendo silenciosamente, vai-se mais depressa, pode-se consultar proveitosamente toda uma série de documentos. Também passividade, sem dúvida, mas que a alma transforma em atividade. Principalmente por oposição à leitura em voz alta, atividade não-espetacular, não-teatral.[2]

Com esse qualificativo, leitor ou ledor, Platão mantém a relação professor-aluno, e insinua uma ambigüidade — como leitor, Aristóteles é verdadeiramente subalterno, mas como ledor tende a assumir uma certa independência solitariamente — fora da cena pública. O que faz o ledor com o texto que lê? Nenhum controle é possível.

Não se sabe como Aristóteles viu o apelido — com maus olhos, diria eu. Entretanto, a apreciação de Platão não é sempre tão ambígua; comparando-o com Xenócrates, um asno, ele qualifica Aristóteles de cavalo fogoso, dizendo: "Para um, é preciso espora, para outro, freio." A comparação com o cavalo, aliás, parece agradar-lhe, pois ele repete: "Um potro que dá coices na mãe que o gerou."[3]

Deixemos Platão e sua metáfora elegante. Quanto a mim, fiz de Aristóteles um touro, animal que ninguém consegue desviar do seu rumo, compacto, rústico. Porque Aristóteles resiste, procura os pontos fracos, raciocina, argumenta, faz contraponto. A sedução não é o seu forte. Ousamos dizer que as seduções do mestre, depois de encantá-lo, lhe desagradavam.

"O discurso de Platão é metade poesia metade prosa", dirá ele. É a sua vez de criticar. É preciso escolher, pensa. Não é ironia, que sempre joga nas entrelinhas, é uma asserção sem benevolência. Mesmo que, por deferência, ele seja o único a ficar para ouvir a leitura que o mestre faz do seu diálogo *Da alma*, depois que todos os belos rapazes saem um a um,[4] escondendo os bocejos — talvez haja coisa pior do que a ironia: uma polidez perfeita demais. Pior do que a insolência.

A polidez

Polidez e insolência dividem os clãs. Uma serve de proteção contra a grosseria das maneiras. É exagerada, artificial, uma roupa que esconde não se sabe o que, serve de defesa. No meio ateniense, a polidez não tem uso, é considerada um pouco ridícula, provinciana. Em contrapartida, a insolência é o apanágio da aristocracia, espécie de pirueta ligeira que podem se permitir os que estão certos de cair de pé. Uma risada, um convite para jantar, e o insolente restabelece o equilíbrio. Nesse pequeno mundo onde todo mundo se conhece, sabe quem é o pai, o tio, o parente de cada um, é impossível aborrecer-se de verdade. Pode-se simplesmente dizer alguma coisa divertida, destilar algumas maldades, ativar boatos, repetir frases. Sim, sedução e insolência são os traços da juventude ateniense que gravita em torno dos filósofos, retóricos, políticos. Pois a sedução joga com uma certa leveza sempre atenta, que, procurando atingir o objeto a seduzir, se serve da malícia, da palavra espirituosa, do *Witz*. Faz com que se sucedam a atenção e a indiferença, arranha as peles sensíveis e ri. Artimanhas que chamam em resposta insolência ou submissão, ou ambas ao mesmo tempo. Os que sofrem seus efeitos sentem a cabeça girar, não sabem se estão ofendidos ou felizes, não ousam partir, ficam amuados no seu canto, depois voltam. Jogos de corte.

No segundo plano, a voz musical de Platão, encantando as cigarras que zunem nas árvores do Hecadêmion. Uma voz que faz cantar os astros — a música das esferas —, que provoca uma emoção tão sensual quanto intelectual, uma pela outra, e que, verberando os prazeres da carne, não se priva de suscitar o seu desejo.

Aristóteles é estranho a essa arte. Fica prudentemente a distância. Sabe que está duplamente ameaçado — porque é macedônio, porque não pertence à juventude dourada (uma coisa decorrendo da outra), e, talvez ainda mais porque não tenta fazer-se admitir nos jogos e ritos dos seus condiscípulos. Deles o separam a sua seriedade, a sua

PHILIA, AMIZADE

A tradução "amizade" não exprime a força do laço "fílico" que une os cidadãos e, entre eles, o laço privilegiado que se estabelece com um *philos*, esse *alter ego*.

A *philia* diz respeito à vida em sociedade, essa parte de "bem-viver" a que os animais não têm direito. Como laço social, a *philia* é finalizada pela cidade, que vive dela e a faz viver. É pois uma peça fundamental do dispositivo urbano, essencial para a definição de um homem "completo e acabado". É também, para Aristóteles, uma espécie de afeto da alma, o desejo do laço.

Ver *Ética a Nicômaco*.

obstinação e já um projeto que se afirma pouco a pouco, independente daquilo que está então em voga. A amizade, que poderia arrastá-lo para os prazeres, não é um bem que se deve falsificar assim. O que liga esses jovens entre si e a Platão é outra coisa, pensa ele; não seria, para uns, interesse, e para o outro, o mestre, o desejo de ser prestigiado? O homem importante não procura cercar-se de pessoas de espírito, pelo prazer, ou de pessoas que sabem cumprir ordens, pelo interesse?

Além disso, não se sente atraído por aquilo que excita os jovens amigos de Platão, a beleza ou a graça masculinas. Nenhuma tendência para essa espécie de amizade amorosa que liga os casais de mestre-discípulo ou de iguais, venha ela do corpo ou da alma. Isso não lhe diz nada, não é "a sua", ele prefere as mulheres. O que, em Atenas, é prova de um gosto no mínimo duvidoso, um tanto rústico, uma falta de requinte. Mais uma vez, questão de maneiras. Não que ele despreze os prazeres do corpo. Gosta do vinho, gosta das reuniões nos cafés, intermináveis, não pelas justas eloqüentes sobre um tema dado, mas para expor seus projetos a alguns amigos seguros, e sem dúvida também pelas brincadeiras que fazem rir sem segundas intenções, simplesmente porque são engraçadas. Acompanhado do seu fiel amigo Teofrasto ou do estudioso Xenócrates — mas este nunca ri, e vai embora quando se começa a falar de mulher. Impossível ser amigo de um tipo tão fechado. Não tem nenhum prazer com a companhia dos outros; ora, a amizade é o prazer compartilhado. As mulheres são a geração, a potência calma da vida, obstinada, produzindo e reproduzindo as espécies. Uma lei. Um princípio. O solo sobre o qual se edifica o mundo dos homens.

Natureza

Sim, a natureza. Essa é a palavra que separa Aristóteles do seu mestre. O *Leitmotiv* que, incansavelmente, Aristóteles opõe ao céu das idéias. O pontapé que o potro dá na mãe — Platão. Um forte coice. Uma escapulida. Ou seria uma recaída? Uma coisa que nos derrota, que não se pode evitar. É mais forte que a gente, nos envolve totalmente. Os números, as formas matemáticas são impotentes: assim é.

Physis está presente. Necessária, atarefada, trabalhadora, mulher porque gere os bens, os economiza, os administra, os distribui aos vivos, a nós: nós, plantas, animais, tudo o que vive sob a lua.

Isso não diz nada a Platão, tão pouco rural, tão urbano. Entre os dois homens, a terra, o mar e os rios, a praia, a montanha, o frio da noite. O barulho de milhares de insetos envolvidos pelo silêncio, a profusão das espécies, sua diversidade quase inumerável. *Physis* ou *bios*, a vida. Uma energia, um movimento.

Brutal, certamente. De qualquer forma, bem distante das seduções poéticas que estão na moda. Quanto ao seu *Witz*, ele é nulo. As tiradas que Diógenes Laércio relata são de uma insipidez absoluta. Só respostas amáveis e ligeiramente irônicas. Respostas sensatas, nada mais.

À pergunta "O que envelhece mais depressa?", ele responde: "A gratidão." "As raízes do conhecimento são amargas, mas seu fruto é doce." Ou ainda: "A esperança é um sonho acordado..."[5]

Estilo, não tem nenhum. Suas dissertações valem pela argumentação. Dizem que elas são um tanto pesadas, laboriosas. Por exemplo, ao invés de se livrar rapidamente dos antigos — aqueles que chamamos agora de pré-socráticos — ele os cita abundantemente, para ele são filósofos mais velhos, a quem se deve respeito. Polidez, outra vez, e que cheira a roça. E talvez também alfinetada no mestre, que acha que as opiniões falsas são para jogar fora. Mas Aristóteles considera com seriedade a opinião — a *doxa* —, ela existe. Tudo o que existe e existiu deve ser levado em consideração. Há uma espécie de seriedade em todo pensamento, em todo discurso. Até mesmo os mais aparentemente inócuos, o "falar para não dizer nada", a tagarelice das

PHYSIS

A natureza, e todas as propriedades que Aristóteles lhe atribui — sua economia, sua generosidade, sua astúcia e engenhosidade, o sentido de conveniência, de medida (nem excesso nem falta), de adaptação (para cada um, aquilo de que precisa para sobreviver), de utilidade (a natureza não faz nada em vão). Daí, as leis que a inteligência humana pode deduzir dos seus comportamentos. Vasto domínio em que se exerce o gênio descritivo de Aristóteles, não só no campo definido pelo método da *Física* (livro I), mas ainda ao longo das suas obras biológicas, em que os caracteres da *physis* servem como princípio de explicação.

mulheres ou das crianças, as elucubrações cosmopoéticas dos primeiros filósofos, assim como as retóricas eruditas ou as meias-mentiras dos sofistas.

Como convém

Polidez. Volto a ela. (Porque Aristóteles volta a ela, e muitas vezes.) A palavra viria de *polis*, como urbanidade de *urbs*? É possível, mas por que a necessidade de recorrer a ela? Ela não é, como se acredita, uma qualidade para uso dos grandes do mundo, que não têm o que fazer com ela. Muito ao contrário, ela é astúcia e esquiva, ferramenta para distanciar, tecido de proteção contra a arbitrariedade e a desenvoltura. É que a cidade multiplica as ocasiões de encontro entre pequenos mundos diferentes. Línguas e linguagens se cruzam, etnias e classes, homens livres e escravos, homens e mulheres, ricos e pobres. Atenienses e estrangeiros se misturam. Conflitos em potência, e sempre situações delicadas que se deve resolver. É então que intervém a polidez, uma gestão complexa do laço social, indispensável para quem não pertence a um grupo cujo comportamento não é questionado. Espécie de modulação de infinitas variações, em função de outrem.

Aristóteles não é um urbano, longe disso. Se se interessa pela cidade, é porque ela lhe é estranha, quase impenetrável. Assim, as pessoas se ocupam, de preferência, com aquilo que não é o objeto das suas preferências. A distância — metade atração, metade repulsa. E ele continua sendo camponês, sempre. Ingênuo e astuto ao mesmo tempo. Repetitivo também. É por isso que ele se esforça nesse labirinto das maneiras. O que é ser "como convém"? Certamente, é estar no seu lugar. Mas como estar em seu lugar, no seu lugar próprio, quando justamente não se está nele, quando há tantos lugares diversos, ocasiões, momentos distintos?

"Ser como se deve ser" e "Deve-se ser como convém", esses são os adágios da polidez. Ou ainda, segundo as próprias palavras da *Ética a Nicômaco*, "agir da maneira que convém e quando convém". Conveniências. Sujeitas aos acidentes. Pode-se estabelecer, acima dessas contingências, uma maneira de ser um pouco mais consistente?

E é verdade — isso pode ser cômico — que a regra absoluta "Ser como convém" é absolutamente vazia de conteúdo. Ela existe como um decreto formal, é pura necessidade que se garante a si mesma. Instala um ser do "como convém", destituído de atributos, e logo perfeitamente adaptável. Tautologia: "Deve-se ser como se deve ser." Essa fórmula só se afirma pela sua insistente repetição. Chega-se aqui ao universal, a um ser ideal, que se posta rigidamente acima das situações particulares e se diversifica em tantos códigos quantos forem os objetos. As "boas maneiras" se julgam caso a caso, elas regulamentam tanto a xícara de chá, os agradecimentos, as visitas a fazer, quanto o tom das discussões.

Aristóteles, para tentar desaparecer, ser "verdadeiramente" como convém, cuidava exageradamente da sua aparência, do seu corte de cabelo, dos seus anéis. Pensaria corresponder à regra maior da polidez? O fato é que conseguiu apenas críticas maldosas.[6]

Vê-se bem que aquele que se comporta assim não faz as regras, ele tenta segui-las, na medida em que pode tirar delas alguma coisa. A polidez é a virtude daqueles que têm que fazer concessões, que têm que se entender com os outros, que não podem transgredir, para serem recebidos na sociedade dos que, justamente, não têm regras...

Curiosa maneira de imitar, que afasta do objeto imitado, afirmando que ele é inimitável. Paradoxo da polidez, de um mimetismo nostálgico, em que o indivíduo se afirma negando-se. Sim, polidez como uma entrada no político, aprendizagem da concessão, da medida, de uma singularidade que se sustenta da comunidade, e que sempre deve ser refeita. Invenção de uma entrelinha, de um espaço para se instalar na dura hierarquia compartimentada da cidade.

KAIROS

O acaso, o que acontece. Administrar esse *kairos* é tarefa do prudente, do homem prevenido, que sabe o que convém fazer no momento certo. Originário de uma reflexão sobre o tempo, "número do movimento", segundo a definição do livro IV da *Física*, o *kairos* introduz a idéia de uma avaliação dos possíveis. Em si, o acaso, simples encontro de circunstâncias imprevisíveis, não é nada; é apenas o que o homem prevenido fará dele. A prudência, assim, é a habilidade de apreender, através de uma percepção intuitiva do singular, o momento exato de agir.

Ver *Ética a Nicômaco*, livros II, 5, III, 1, e VI, 4-13.

Não seria necessário, no que se refere ao político, considerar a polidez como a pedra de toque da reflexão aristotélica? Veríamos nela, com a noção de "justeza", a do "como convém", a recusa do excesso, a proporção harmoniosa, a ser respeitada, entre os diferentes modos de vida, e o aproveitamento da ocasião, o *kairos*,[7] o justo momento para a ação.

Apreciação que escapa às regras categóricas e se decide caso a caso. Vizinha, por isso, do diagnóstico hipocrático. O *kairos* sendo, para Hipócrates, o equilíbrio para cada corpo e para cada circunstância, cada vez diferente, não generalizável, entre ingestão e digestão. O *kairos* está próximo da justa medida. Daquilo que "convém fazer" em caso de... Lição de política-polidez como herança do pai, desse Nicômaco médico. A política seria um ramo da medicina?

Viajar sem se mexer

Aristóteles passa uns bons 20 anos da sua vida em Atenas, na Academia. Vinte anos durante os quais ele se afasta pouco a pouco de Platão, desenha a sua personalidade, afirma-se, precisa os seus objetivos. Em resumo, "mexe-se", permanecendo ali.

Modo de viajar sem se mexer, ficando no centro, zona de silêncio no meio desse meio barulhento. Também é verdade que ele é um sedentário; o que aprende, aprende onde está. Inútil viajar para longe, como fez Platão na juventude, indo a Mêgara para ouvir Euclides, a Cirene para encontrar Teodoro, o matemático, à Itália para ver os filósofos pitagóricos Filolau e Euritos, e ao Egito para escutar os sacerdotes falarem dos deuses, sem contar as duas viagens à Sicília. Tudo está nos livros. Basta ler.

Mexer-se continuando no mesmo lugar, mexer-se "na cabeça". E se o exercício é necessário, por que não caminhar, simplesmente? Como ele faz, falando com os amigos e percorrendo a rua de cima a baixo.

Os números, os olhos, as cores

Sem dúvida, é preciso dar aqui um salto para o desconhecido, passar por um longo período, sobre o qual não se sabe nada. A vida com seus detalhes — os que mostram como fazer para erguer a xícara de chá, o gesto da mão para pegar o livro, a maneira de respirar jogando a cabeça para trás, de manhã, e como deitar-se. Será que ele ria muito, inclinava a cabeça para o lado, apertando os olhos, para perceber a distância apenas esboçada por trás das colinas? Míope, daltônico talvez, e quando não está atento ao que quer descrever, não olha nada, não vê nada. Nem túmulos nem estelas no caminho da Escola, nem o bosque ralo que se encosta, friorento, na Academia, e que dizem sagrado. As cores, o ouro das folhas no outono, o verde jovem dos brotos logo recobertos de poeira; é insensível a tudo. Escreve, sim, um tratado das cores, mas nele só aparecem o preto e o branco, escreve um tratado dos animais, sem a sombra de uma cor. Cor dos olhos? São claros, escuros, e às vezes como os das cabras. Cabelos? Lisos ou crespos, espessos ou finos, mas não têm cor, apenas embranquecem com a idade.[8]

A única testemunha das coisas que ele vê ou em que reflete são seus livros, e não se pode ir além. Só os livros respondem, e tenho vontade de sacudi-los, para que deixem cair um bilhete de ônibus, uma carta, uma foto, uma anotação apressada, uma nota de restaurante com um número de telefone no canto esquerdo, alguma coisa, qualquer coisa. Sacudi-los.

Os estudos

São muito longos. O terceiro ciclo de estudos, que começa aos 18 anos, dura 20, no mínimo. Platão afirma que se é verdadeiramente filósofo aos 50 anos. Não antes. E nem sempre. É preciso passar pela matemática, pela retórica, pela cosmologia, pela física do universo. Só então pode-se aspirar à filosofia.

Recém-chegado a Atenas, Aristóteles sonhava encontrar o grande homem. Repetia para si mesmo o que iria lhe dizer, estava nervoso, tinha medo, talvez fosse melhor não dizer nada. Era um pouco jovem, tinha apenas 17 anos. E se Platão dissesse: "Volte no ano que vem, rapaz"?

Platão não disse isso, pela boa razão de que não estava lá. Estava na Sicília. Era preciso esperar. Eudóxio o substituía, ensinava matemática.

A Escola, o quadro-negro, exercícios. Aristóteles não gosta de matemática. Eudóxio lhe dá tédio, está decepcionado. Os números, as proporções, a geometria. Ele estuda, mas sem interesse, contendo a impaciência. Talvez isso seja útil e é o pré-requisito para o verdadeiro ensino. "Ninguém entra aqui se não for geômetra", a célebre inscrição no limiar da Academia não são apenas palavras ao vento, uma metáfora, mas uma realidade incontornável. O currículo da Academia é implacável.

É na embriaguez do pensamento que Aristóteles pensa, enquanto espera a volta de Platão. Isso vale alguns triângulos e quadriláteros. Mas certamente tem uma antipatia pela teoria dos números.

Quem sabe de onde, quando, nos vêm as nossas preferências, as nossas recusas? As portas se abrem ou se fecham por causa de uma insignificância — às vezes uma palavra, um olhar atravessado, uma decepção e pronto, já era. Os caminhos floridos do saber se transformam em trilha estreita, seu perfume tem gosto ruim, as equações têm uma cara odiosa. A inteligência se embota, torna-se inerte, rasa. O coração não bate.

O coração. Justamente. O centro da inteligência. A capital dessa fortaleza que é o homem. Um músculo que move o corpo e a alma. O motor imóvel na caixa torácica move em torno de si, radiante, os membros corporais e os pensamentos que viajam. "É uma espécie de animal que vive nos seres que o possuem", escreve ele, nas *Partes dos animais*.[9] Mundo em miniatura, análogo ao grande mundo que traça uma órbita em torno do seu centro. Coração-sol. Coração pensante.

Sua posição — no centro, porém mais para cima, no meio, porém mais para a frente — é a de um princípio, é necessária — o alto e a frente são mais nobres do que o baixo e atrás. Princípio e fonte do sangue, receptáculo. Foco de calor. E músculos — tendões para executar os movimentos. E inclinado para a esquerda, para aquecer essa parte do indivíduo que é sempre mais fria. Em suma, uma espécie de animal que vive nos seres que o possuem. Grande e flácido, inclina-se para a covardia — pequeno e rígido, para a ousadia.[10] Quando alguma coisa "nos corta o coração" é porque subitamente o calor do sangue se perde em um volume excessivo.

Damos de ombros. Então ele não conhecia o cérebro? Pois é, ele não o conhecia. Essa massa mole, esponjosa, informe, é impossível que aí se instale o que há de mais nobre no homem. É úmida e fria, só serve para contrabalançar o calor do coração. "Manter a cabeça fria", dizemos. Gosto dessa maneira de construir a anatomia a partir da linguagem.

Nesse ano em tanto vazio, com Eudóxio, a matemática esfria o entusiasmo do coração, o pensamento se ressente, fica frio. Sabemos muito bem quando o nosso coração não bate.

Bateu quando Platão voltou? Certamente, e todo o mecanismo dos vasos que irrigam as idéias se pôs em marcha, com seus arremessos e suas freadas, golpes de calor e de frio. A vida.

O descritor 1

A vida viaja. É *bios*, força e movimento. É *physis*, natureza. Tensão equilibrada entre quente e frio. Entre úmido e seco. Aristóteles viaja nas regiões opostas. Percorre, com o caderno de notas na mão, tudo o que é possível encontrar. A cidade, já que está ali, o mundo povoado de animais e de plantas, que a envolve e sem dúvida a mantém. Os corpos, as idéias. Certamente, no início, está tão dominado pela sedução de Platão, que pensa em imitá-lo. Tenta o diálogo, método socrático revisto pelo mestre. Diálogos perdidos. Não lhe dizem grande coisa. São um exercício escolar. Falta o pulsar do coração, o calor que vem de dentro.

Horizontal, vertical

O que ele prefere não são os palácios piramidais, de muitos andares, as escadas de seres e saberes, a ladeira a subir para chegar a uma vista panorâmica, chamada *nous*, de onde se descortina a terra e seus diminutos e frágeis prazeres. Ele pensa horizontal. Pensa articulações, sintaxe, economia. Pensa plano. A terra é extensa, povoada — um mapa —, há que decifrá-la. Todos esses seres vivos, essas populações misturadas, há que classificá-las, pôr-lhes ordem. Não detesta a mistura, não aprova a interdição de Platão quanto ao diverso infinito, com a condição de ordená-lo. Não o seu, mas o da própria natureza — seguir a natureza. Não é tão difícil, pois ela trabalha em nós, sabe como fazer as coisas. A ordem está ao alcance da mão, está em nós, se seguirmos a natureza, o seu processo. A prova é que a arte nunca é outra coisa senão a manifestação humana de um saber-fazer, de que a natureza dispõe.

"Cada coisa em seu lugar, e um lugar para cada coisa." Sabedoria popular. Basta substituir "em" por "tem". As coisas, todas as coisas, inclusive os seres, "têm" seu lugar. Não só as ferramentas na caixa de ferramentas, os móveis, os cômodos de uma casa. Eles os "têm", mais do que estão neles. O lugar faz parte das coisas, faz parte da sua identidade. Isso é a ordem. Talvez até as coisas "sejam" o lugar em que "estejam".

"Dizemos que alguma coisa está em um lugar..."[11]

O retrato

No retrato pintado por Rembrandt, Aristóteles está com um chapéu de abas largas, de pé, maciço, a mão pousada no busto de Homero. Toma apoio sobre o poeta cego ou o apresenta como um duplo ou como um pai? A mão parece incrustar-se no crânio, como se o órgão do pensamento se encontrasse na tatilidade. Sob a sombra do chapéu, seu olhar está perdido, e o olhar de Homero é de gesso vazio. O quadro se intitula *Aristóteles contemplando o busto de Homero*. Não é verdade, ele não contempla nada. Sob as sobrancelhas arqueadas, as rugas da fronte, os olhos fixam vagamente alguma coisa à esquerda — acima e mais longe do que o perfil do poeta. Dois cegos, em suma. Dois homens que não usam os olhos para ver. Seu reino é a palavra, o discurso, a linguagem. Um órgão que não pode ser mostrado pela

LUGAR

A definição de lugar se encontra no livro IV da *Física*. Aristóteles enumera as diferentes questões a propósito do lugar.

Afinal, o lugar seria "o último limite imóvel do invólucro [dos corpos]". Assim, o rio para um barco.

Cada corpo repousa em seu lugar próprio (*topos oikeion*) ou tende para ele, quando separado dele. A força dessa idéia de "lugar próprio" é que nele reside uma parte da definição da entidade que ali habita. O lugar é uma parte do ser, não a sua substância, mas o seu atributo essencial. Um ser se define pois pelo seu ambiente, tanto quanto o ambiente pelo que ele envolve estreitamente. Concepção original, que faz do homem, por exemplo, não uma entidade autônoma como queria o idealismo, mas um fragmento do mundo.

pintura. Como pintar a voz, o pensamento? Geralmente, o pintor resolve o problema representando o filósofo meditando — em posição de meditação — no seu aposento, instalado em um lugar que fala por ele, que é ele. Tão escuro quanto pode ser um olhar voltado para o interior. Não só o espectador do quadro é mergulhado nas trevas da pintura, mas o que ele discerne com dificuldade — o filósofo, por exemplo — também não vê. Rembrandt não se furtou a sugerir assim que a visão é uma questão de cegueira.

Mas Aristóteles é um homem do ar livre, do espaço, não pode ser pintado como um velho raquítico, curvado sobre algum sonho mal iluminado.

Rembrandt põe Aristóteles de pé, pronto para partir ou chegando de uma viagem de estudos — a cortina está, ainda ou já, levantada acima de uma pilha de livros — trazendo como butim essa cabeça de poeta antigo, encontrada em algum bazar. Ele se despede, sonhando com aquilo que parece atrai-lo, ao longe, ou volta de uma exploração, mostrando o que trouxe — como exibimos as nossas fotos exóticas, desembrulhamos os presentes para os amigos, cerâmicas ameríndias, a bengala do chefe banto, uma pedra gravada com sinais desconhecidos.

Sob o chapéu, voltado para a esquerda do quadro, o rosto está sério, envelhecido pela lembrança. Uma corrente o liga aos países longínquos, a Alexandre, que, levando em uma caixa trabalhada o exemplar da *Ilíada* que ele lhe deu, conquista as Índias. Seu retrato em um medalhão.

Eu sei, esse quadro é duplamente anacrônico. Mostra um Aristóteles mais velho do que aquele que estou descrevendo com palavras. Por enquanto, só falamos de um rapaz que é aluno da Academia. Alexandre ainda não nasceu, Aristóteles não pode ter esse medalhão em torno do pescoço. Continua com a *Ilíada* no bolso, ainda não a deu. Não usa chapéu e ainda não tem rugas. Mas se o anacronismo do meu relato é patente, o do quadro também é. Esse chapéu ridículo, esses livros empilhados, o panejamento do fundo, as mangas bufantes... A vida não está sujeita aos fatos sucessivos; ela faz estranhos desvios, meandros de onde bruscamente se vislumbra a extensão do rio.

O quadro de Rembrandt é o presente, como está presente a imagem do futuro no tempo do presente — realidade de todas as idades de Aristóteles, que ele condensa. Aos 25 anos, agora, como no início e como no fim da sua vida.

O anacronismo é para o tempo o que a anamorfose é para o espaço. Pela distância, ele torna próximo. Oferece reunido o que a vida dispersa.

Esse quadro, como poesia, diria Aristóteles, que não sabe nada de pintura e derruba antecipadamente o famoso *Ut Pictura Poesis* de Horácio — esse quadro é um quadro de palavras, diria ele, essa é a sua essência, a sua substância. Pois sem palavras, não se pode ver; a visibilidade é uma questão de pensamento, não apenas de visão. E esse quadro de Rembrandt teria sido notável por tecer um laço circular entre um pai e um filho, velha Ilíada e jovem conquistador, laço que tem como meio e lugar a figura do filósofo. "História completa, em estilo elevado, com personagens lendários",[12] assim é o quadro. Faz o papel da fábula poética. Apresenta uma ação concentrada em um ponto, total, acabada. Ele encerra e fixa a história já ancorada nas margens da morte e da lenda.

A história, a vida

Alguns traços resumem a atividade de um homem, pensa ele, não se trata da história, que considera como um amontoado inextricável de acontecimentos sem ligação entre si.

> A história mostra não uma ação una, mas uma única época, compreendendo todos os acontecimentos que ocorreram então para um só ou vários homens, e dos quais cada um mantém com outro uma relação fortuita.
>
> *Poética*, 23.

Também não se trata de biografia, cuja trama é cronológica. Não. "Retratos de caráter", como os de Teofrasto ou das vidas de filósofos, como faz seu outro discípulo Aristóxenes — uma espécie de provocador — pelo que elas dizem sobre as suas teorias. Não por causa do próprio sujeito. O ator não importa muito, ele apenas carrega o seu peso de ilustração. Morte ou retirada do sujeito. Aristóteles sabe imediatamente, o sujeito individual não é nada no complexo do mundo.

A anedota, que Aristóteles adora, vale pelo que esclarece sobre a ação deste ou daquele personagem, não o próprio ator. Ela é paradigma, exemplo, e não uma coisa singular.

Assim, na *Política*, falando de Hipódamo de Mileto, o construtor de cidades, ele acrescenta de passagem, só para ilustrar através da anedota, a ação inteira do personagem: "Ele usava um manto de lã no inverno e também no verão", excentricidade que atribui a uma vaidade muito pouco louvável — "dizia-se capaz de raciocinar sobre a natureza inteira". Essa digressão sobre o manto de lã de Hipódamo parece não ter nada a ver com a descrição de uma prática arquitetônica. Mas, falando desse manto, Aristóteles sugere que o plano em forma de xadrez do Pireu, esse modo de quadricular as cidades, faz parte, como o manto, da mesma vontade de aparecer.[13] Com isso, Aristóteles também podia — sem tocar no assunto — praticar uma ironia ferina.

Encarrega-se de dar alguns cursos. Platão lhe confia o ano da retórica. É um lugar de professor-assistente, um "repetidor". Aproveita a ocasião para confiar a pesquisa de documentação aos alunos. Uma multidão de notas se acumula nas urnas que servem de estantes.

Imagino essa pilha, esse acúmulo de documentos. Imagino o quadro de Rembrandt fazendo parte deles.

"A arte completa a natureza"; é, mas não se diz quando. O retrato completa a vida, põe o ponto final. Para nós, Aristóteles continua com o seu chapéu inenarrável. E não temos certeza de que ele não tivesse um gosto detestável em matéria de correntes e anéis, e na arrumação de bibelôs sobre almofadas cor de laranja.

Contada pelo pintor, a anedota esclarece a vida. Aristóteles teria gostado desse quadro, da sua maneira de ser. Não certamente pela pincelada e pela técnica, mas pelo que revela da ficção poética em ação.

A visão, as palavras

Sempre essa desconfiança em relação à visão. E, por exemplo, o teatro. Pode-se muito bem dispensar o espetáculo, o que conta é o enredo, as palavras. Ler o teatro. Lê-se muito bem Homero, sem nenhuma necessidade de acompanhá-lo de imagens. As imagens estão dentro do discurso. A força do poético não está nos atores, nem nos cenários. Muito pelo contrário, o espetáculo para os olhos não "está em casa" no poético. Não é o seu lugar.[14] Não tem que estar ali. A *opsis*, a encenação, é mesmo um penduricalho.

Economia de tempo. Os olhos servem para ler. É inútil transportar-se até lá fora, para ver o que basta ler tranqüilamente dentro de casa.

O transporte é diferente da "saída". Com o transporte, é no interior da coisa que se entra. A metáfora é transporte do sentido para o sentido. Viagem no interior desse lugar que é a linguagem. A saída é agitação supérflua. Aristóteles procura o isolamento. As ilhas.

Afinal, a palavra de Platão, "leitor", não está tão longe da verdade. Sua ilha, a leitura. O isolamento ou a trincheira não são contrários ao ar livre. O ar livre "está em casa" numa ilha. Talvez até seja o seu lugar natural.

Aristóteles queria ser livre, trabalhava dia e noite na trincheira da leitura e para isso a ilha era indispensável.

Os apaixonados pelas ilhas são antes de tudo descritores. A flora, a fauna, o terreno, os limites entre praias e oceano, recifes.

Ele gostava das descrições. Descrever era proteger-se contra a sedução, contra o encanto das invenções, contra essa espécie de poesia insidiosa que envolve o discurso, alimenta-se de palavras e altera a simples visão das coisas. A poesia, quando não estava em seu lugar — o teatro, a tragédia — era para ele apenas um meio muito pobre de conhecer, ou até uma forma de recusar o conhecimento, de desprezá-lo.

Partir das coisas mais possíveis de serem conhecidas por nós, mais claramente presentes, coisas que estão aqui. Em desordem, misturadas, em conjuntos. É o conjunto que percebemos, e que devemos descrever. Pacientemente. E então, talvez se desembarace essa profusão. Pois a singularidade se faz esperar. Ela vem coroar o trabalho, nunca se dá imediatamente, numa suposta intuição.

> As crianças chamam todos os homens de pais, e todas as mulheres de mães. Só depois elas os distinguem.
>
> *Física*, I, 1.

Era uma paixão, um movimento que o levava para as coisas como que querendo penetrar e fundir-se nelas, encontrando o ponto de concordância que as mantinha em vida, o princípio que harmonizava as suas partes, e que não era outro senão a sua própria razão: a inteligência torna as coisas inteligíveis, o mesmo princípio anima os dois parceiros, o descritor e o descrito. É porque é inteligente que o homem tem mãos, dizia ele.[15] E é porque descrevo a mão que escreve o que descrevo que essa mão me designa como humano.

A descrição como repetição. Ele também era chamado de "repetidor", por ironia. Mas pouco importa, pois a natureza também se repete. Uma cena perpetuamente em ato, teatro representado ao ar livre, e que tem as suas regras.

A opção pelas coisas 1

Essa inclinação não agradava a todo o mundo, longe disso. Achavam que ele era muito tedioso, assim colado nas coisas, e que coisas! Um caranguejo andando, um escorpião dormindo debaixo de uma pedra, o jeito com que a avestruz pisca o olho... nada disso leva ao paraíso da idéia, às delícias da imortalidade. Aristóteles não causa embriaguez, não tem perfume de alma. Tem mais um cheiro de estábulo, e aquela lentidão. Se o espírito existe, deve se manifestar mais brilhantemente, com raios e trovões, com súbitas iluminações. Com frêmitos de impaciência, que de repente irritam as espáduas: asas nascendo.

Mas não se vê asa nenhuma, a não ser aquelas, minuciosamente descritas, dos pássaros: asas de plumas, munidas de um tubo e que se dobram para trás; asas de pele — membrana de morcego ou de esquilo-voador.

Dá para sentir a impertinência desses assuntos. A história natural recusa a sedução: vamos ser modestos, diz ela. Não vamos nos aventurar além dos nossos limites. Confrontada com o grandioso, ela faz aparecer a sua inanidade. Ao cisne, cujo canto desperta o eco imaginário, ela opõe as galinhas da Ádria, a poupa, a andorinha, o gafanhoto, ou ainda o iugx, único pássaro a ter alguma relação com a magia amorosa. "Sua língua é a da serpente, tem unhas grandes e voz estridente."[16]

O gênero "descrição" não se parece com coisa alguma. É rasteiro, do tipo: "Digo o que vejo, só isso. Não posso fazer nada, as coisas são como são." Só se pode responder a uma descrição entrando pessoalmente no seu exercício. Armadilha para qual se conduz insensivelmente o adversário. Ele terá, seja que contestar a justeza da observação (e fornecer outras), seja recusar diretamente o modo descritivo, considerando-o como um modo menor. Situar o seu próprio discurso no zênite e dizer: "As idéias são mais verdadeiramente reais do que as coisas". Pôr a pintura das naturezas-mortas no último lugar das belas-artes. Desprezar o detalhe. Fazer de Aristóteles um pintor-artesão, muito atrás dos pintores de cenas mitológicas, dos pintores de batalhas, ou dos retratistas. Tratá-lo de positivista, empirista, entediante, colecionador-classificador, burocrata, de que mais?

Mas ele não ligava, pois, agindo por trás da natureza-morta — codorna pendurada acima de uma cesta de uvas, limão desventrado e mosca entediada sobre uma crosta de pão — está uma lição de sabedoria, uma ordem, que vale tanto quanto a das idéias, pensa ele. Agindo por trás da descrição dos pássaros e das serpentes, dos insetos e dos mamíferos de todo tipo, de suas maneiras de copular, de gerar, de comer ou de morrer, está uma ordem que envolve, ultrapassa, limita e move os vivos todos juntos, e para a qual o termo "natureza" é ainda muito estreito.

Sim, ordem. A descrição quer a ordem. Por exemplo, ela exige um fundo sobre o qual se destaque a figura. Depois, ela quer que essa figura seja completa, delimitada por um traço que se feche sobre si mesmo. Depois ainda, que essa figura se assemelhe a um objeto conhecido. Que o leitor possa identificá-la por suas semelhanças ou suas diferenças com alguma coisa já vista. Assim, ele poderá ir até os limites do verossímil, ou jogo das variações de gêneros e de espécies. Todos nós conhecemos o canário; pois bem, o "iugx" é uma espécie de canário, mas tem um pescoço de serpente, o que significa que ele pode voltar a cabeça para trás, conservando ao mesmo tempo o corpo imóvel. Ah, sei: é a mesma coisa que o asno indiano que só tem um chifre, plantado no meio da testa. Esse mundo assim descrito é o dos possíveis, dos imagináveis. Aristóteles — que nunca fala disso — inventa a pintura, esse modo de tornar visíveis para o espírito coisas cuja possibilidade se desenha. O figurável. Com traços característicos, formas, funções, um "ambiente" que ele chama de "invólucro", termo mais elegante, mais perto do corpo, como uma roupa que indicaria a situação, dando alguma pista sobre quem a veste.

Cada coisa em um conjunto e o conjunto em um todo; vários conjuntos coabitam, se misturam, e o que vemos é essa mistura — gritos de pássaros enquanto a nuvem voa, luz sobre a cidade quando o sol se extingue, povo misturado saindo do escritório às cinco horas, roncar das máquinas, poeira roçando o chão.

A cidade. A natureza. Mesma riqueza de sensações, miscelânea. Mesmos lugares justapostos, cujos limites se interpenetram. Não que o meio determine os seres vivos, mas ele permite explicar algumas particularidades, as diferenças.

Nas *Partes dos animais*, Aristóteles se dedica prazerosamente a isso: se o asno indiano só tem um chifre, é porque vive em um país rochoso, precisa de cascos bem fortes. Ora, a espécie tem uma cota de matéria córnea à sua disposição, que entretanto não é suficiente para fornecer bons cascos e dois chifres. Atende-se ao mais urgente — os cascos são indispensáveis, e um só chifre, afinal, pode resolver o caso.[17] Mesma coisa para os animais que têm uma cauda: esta precisa de pêlos, logo os animais muito peludos terão apenas uma cauda curta; ela será mais longa se a natureza não gastar muitos pêlos no corpo. Questão de estoque. De equilíbrio ou compensação. De distribuição.

Plantado sobre o seu rochedo, da Índia onde Aristóteles o põe, o asno nos contempla. Está em seu lugar, em casa. Ele nos é familiar como asno, e nos é estranho como unicórnio.

Ningúem melhor do que Aristóteles conhece a mistura. Ou antes, ninguém melhor vive a mistura. Pois transporta com ele a Ásia, o norte montanhoso, praias desertas, uma face escurecida, cabelos espessos que é obrigado a cortar com freqüência, pesados anéis, e tem um sotaque, uma maneira de pronunciar os "s" da qual não consegue se livrar. Uma tralha que ele carrega para esse outro pequeno mundo que é Atenas. Como a avestruz, homem-pássaro — homem porque é bípede e sua pálpebra superior se fecha sobre a inferior, pássaro porque tem penas e não-pássaro porque não voa. (As *Partes dos animais* não nos poupam nenhuma ambigüidade). A costura está em um lugar intermediário, um recorte curioso, dos que unem duas bordas, formam um tecido onde brincam a luz e a sombra. Algo que ziguezagueia entre as duas, e ele, meio ateniense, meio macedônio. Nem um nem outro. Na costura, o corte.

E ele vive nesse lugar, situação não muito confortável mas bem interessante. Familiar com todos os que o cercam, com sua língua, seus pensamentos e discursos, com tudo o que se pode aprender com o estudo, estranho entretanto às suas mitologias, à sua maneira de ironizar, aos jogos de palavras com os quais eles se deliciam. Ele é avestruz, é asno indiano. Ele está ali, mas em outro lugar.

É por isso que ele descreve.

NOTAS

1. Pelo menos é o que afirmam as más línguas, como Diógenes Laércio, que não tem muita simpatia por Aristóteles. Era uma zombaria por causa do seu sotaque do norte, que o fazia tropeçar nos "s", ou verdadeiro defeito de pronúncia?

2. Quanto às relações escritor-leitor, ver Jesper Svenbro, *Phrasikleia*, La Découverte, 1988, cap. 9 e 10.

3. Diógenes Laércio, *Vidas e doutrinas dos filósofos ilustres*, livros IV, 2, 6 e V, 1, 1.

4. Diógenes Laércio, *Vidas e doutrinas dos filósofos ilustres*, livro III, 37.

5. Diógenes Laércio, *Vidas e doutrinas dos filósofos ilustres*, V, 17- 19.

6. Diógenes Laércio, *Vidas e doutrinas dos filósofos ilustres*, V.

7. Quanto a essa noção central na ética aristotélica, ver P.Aubenque, *La prudence chez Aristote*.

8. *Geração dos animais*, V, 1.

9. *Partes dos animais*, III, 4.

10. Ibid.

11. *Física*. O livro IV é dedicado ao lugar e ao tempo.

12. *Poética*.

13. *Política*, II, 8.

14. *Poética*, 6.

15. *Partes dos animais*, IV, 8.

16. *História dos animais*, II, 12 e *Partes dos animais*, IV, 12.

17. *Partes dos animais*, III, 1.

Um lugar na Academia

Onde se vê como, aos 37 anos,
Aristóteles perde o "emprego".

História de família

Aristóteles tem trinta e sete anos e Platão morre. Spêusipo, que estudava na Academia, casou-se com a sobrinha de Platão, filha de sua irmã Potona. Bom investimento. Como dote, recebe a direção da Academia. É ateniense, filho de Eurímedon, do demo de Mirrino. Eis o que é ser bem-nascido.

Imaginem a reação de Aristóteles. Está ofendido, furioso. Mas ele já esperava, já sentia no ar a traição; mas entre a dúvida, que sempre deixa lugar para a esperança, e o seu desmentido brutal, o coração lhe salta no peito.

O lugar

Assim, esses 20 anos não teriam servido para nada. A atenção, os cuidados, a freqüência assídua, as ironias engolidas, o trabalho, tudo isso jogado fora de repente. Resta a satisfação de não ter adulado, de não ter recuado um centímetro das suas próprias teses. Mas é verdadeiramente uma satisfação ou um modo de tentar ver o lado bom desse caso infeliz? E se tivesse administrado melhor a carreira, se tivesse feito as concessões necessárias? Mas o senhor professor foi orgulhoso demais, isolou-se. Mostrou o seu desdém, não sorriu quando era preciso. Deixou passar as ocasiões de ficar calado. Em resumo, foi mau político, a despeito de tudo o que sabia. Contava com a amizade. Como se torna cruel, então, a frase de Platão, de que a amizade deve ceder diante da verdade! Deve-se acreditar que a verdade é Spêusipo? E o resto mentira?

O que é pior? Que o seu lugar seja ocupado por um rival respeitável ou por uma nulidade que não chega aos seus pés e cuja nomeação causa escândalo? É difícil dizer. Felizmente, os acontecimentos não dão tempo de responder teoricamente. Afinal, o problema não existe mais. Spêusipo está ali. Ele é insignificante, não gostam dele, é um homem de prazeres, de dinheiro, um filósofo medíocre. A situação é simplesmente cômica. Quem poderá dizer quanta coragem será necessária para encarar o fato com humor? E quanto a comédia é amarga...

Transformar a amargura em bálsamo. Esperar que o novo diretor seja desprezado pelos colegas. Não seria mais do que justo, até se pode contar com isso antecipadamente. Seria mesquinho, sem dúvida, mas muito natural. Mas não se pode esquecer da fraqueza, da submissão voluntária. "Já que é assim, vamos beijar a mão dele, talvez se ganhe alguma coisa com isso." Ou, pior ainda, é esquecer a estranha satisfação de ver uma cabeça cair. E a cabeça de Aristóteles, afinal, vale a pena vê-la decapitada. Em voz alta, lamentam muito, mas debaixo do pano estão bem contentes.

Aristóteles parte para a Ásia. Não muito longe, logo ali em frente, na costa da Mísia, em Atarneus, depois em Assos, no país do eunuco Hérmias.

História de piolhos, um círculo estranho

Quanto a Spêusipo, a natureza veio pôr termo à sua traição. Morreu de maneira particularmente sinistra, depois de apenas quatro anos de poder. Foi comido vivo por piolhos.

Aristóteles é loquaz sobre os piolhos; esses bichinhos lhe interessam extremamente. É compreensível.

> São animais que não têm pais, nascem da putrefação, ou no interior dos próprios animais, a partir dos detritos que se acumulam nos órgãos. Assim engendrados, podem distinguir-se em macho e fêmea, mas de sua cópula nasce uma coisa que não é idêntica a nenhum dos pais e é um ser imperfeito; da cópula dos piolhos nasce o que se chamam lêndeas, que, estas, não produzem nada. Nascem das carnes e quando estão a ponto de aparecer, formam-se pequenas espinhas na pele, que, se perfuradas, deixam sair piolhos. Existe uma espécie

> chamada "piolhos selvagens", que são mais duros do que os piolhos comuns. É muito difícil arrancá-los da pele.
>
> *História dos animais*, V, 31.

Será que ele teve um prazer mórbido com essa descrição, será que pensou em Spêusipo? Não sabemos, mas não podemos nos impedir de imaginar Spêusipo como um piolho viscoso, sem descendência, nascido de carnes em decomposição, e que é difícil arrancar da pele.

Depois de sua morte, sua biblioteca se dispersou, vendida por um livreiro da Ágora. Lá também estavam os últimos manuscritos de Platão, e Aristóteles se dará ao luxo de comprá-los.

Mas, no momento, reinam a aflição e a revolta. É preciso partir. Alguns dos discípulos do mestre também se vão. Companheiros de exílio. Aqueles com quem passou longos momentos, discutindo depois das aulas. Xenócrates, que nunca ri, Teofrasto, cão fiel.

Partir

Sem dúvida, o exílio é salutar, a costa da Ásia Menor é rica em recursos, Aristóteles gosta dos portos, de seu odor, dos barcos que descarregam seus tesouros, do sabor do vinho nas tavernas, da diversidade das línguas, do sotaque rugoso dos marinheiros, da cintilação dos peixes de escamas nacaradas, à tarde, na volta da pesca.

Por um lado, a atração da Ásia, por outro a amizade de Hérmias, que conhece desde a infância, quando morava em Atarneus, na casa de sua irmã e de seu cunhado e tutor, Prôxenos. Enfim, é preciso parar em algum lugar. Hérmias é rico, sua corte é faustosa, ele gosta dos filósofos. Além disso, tem uma irmã ou sobrinha bem bonita, Pítias.

Seria a repetição da viagem de Platão à Sicília, na corte de Dionísio? Não creio, e Aristóteles até se aborreceria com essa comparação. É horroroso escutar: "Ah, compreendo, você está fazendo igual a..., é o mesmo caso de..., até parece que..."

Chega de modelo Platão. Ele vem para se abrigar, para continuar suas pesquisas. De modo algum para dar lições de moral a Hérmias, um tirano é um tirano, fazer o quê? Platão, com Dionísio, levou tempo para compreender essa evidência. Tentou a experiência três vezes. Finalmente, teve que fugir a remo, à noite, e depois explicar o caso aos parentes de Díon, em uma carta célebre, ainda que ligeiramente constrangida.[1]

É verdade que a história dessas viagens é um tanto confusa, mas é necessário resumi-la brevemente, pois serve de contra-modelo.

Discípulo bem-amado de Platão, Díon é siracusano. É cunhado de Dionísio o Velho, tirano de Siracusa. Pela intercessão de Díon, que Dionísio o Velho estima, Platão desembarca na Sicília, para dar lições de justiça e de bom governo, para transformar a tirania em república de sábios.

Nem Dionísio nem principalmente sua corte lhe dão ouvidos. O mau humor do tirano se volta contra Díon, o intermediário, e também atinge Platão. Que foge numa trirreme e é aprisionado por piratas e vendido como escravo em Egina, onde, por sorte, um dos seus discípulos o reconhece, o resgata e o liberta (um verdadeiro "filme de época"!).

Volta, pois, a Atenas. Nesse meio tempo, Dionísio o Velho morre e deixa o poder para o seu filho, outro Dionísio, o Moço. Díon, sempre animado, recomeça com o filho o que fizera com o pai. Dionísio o Moço fica seduzido, e deseja ardentemente conhecer o guru de Díon. E Platão embarca outra vez. Segunda viagem à Sicília. A história se repete. Dionísio está a mil. Sua corte se torna uma escola de sabedoria, de ascetismo. Isso não agrada os cortesãos: será que vão acabar com os seus privilégios? O ciúme, as calúnias se alastram. Platão é convidado a voltar para casa, com Díon. Já que eles gostam tanto de filosofia, por que não vão viver em Atenas? O mestre e o aluno voltam, pois, para a Grécia.

A passagem de Díon pela cidade é suntuosa. É muito rico, liga-se com o sobrinho Spêusipo, organiza jogos, conquista os atenienses. Dionísio fica sabendo disso e se irrita. Que imagem os atenienses vão fazer dele? Preocupa-se com a sua glória. Assim, convida de novo os dois amigos à Sicília. Ele se modificou, compreendeu, só quer saber da boa filosofia. Pede desculpas. Díon e Platão, Platão e Díon partem de novo... Terceira viagem... e mesmo resultado. Platão volta definitivamente para Atenas, deixando Díon se virar sozinho. O qual fomenta uma revolta, começa uma guerra de efeitos diversos e acaba morrendo estrangulado.

Esse é o modelo oferecido por Platão, e é natural que Aristóteles, armado de bom senso, não tenha nenhum desejo de segui-lo. É um erro pensar o contrário. Não se trata, absolutamente, de moralizar o tirano Hérmias, mesmo que se pense assim na corte. Vamos deixar falar as más línguas, pensa Aristóteles. Começa a trabalhar. Longe de Atenas, dos seus boatos, ele circunscreve o seu lugar. Seu lugar se torna Assos, torna-se lentamente livro, natureza. Faz-se natureza.

Deveríamos contar entre as causas que levam Aristóteles a Hérmias a idéia de imitar Platão? Certamente que não, mas é preciso admitir algo como uma causa ocasional, longínqua, um acaso em que Platão está implicado, apesar de tudo.

Aos 68 anos, o velho mestre não renunciou ao seu projeto político e continua pensando — apesar do seu fragoroso fracasso na Sicília — que o filósofo deve aconselhar o príncipe. Ora, ele tem, não longe de Atarneus, em Skepsis, dois jovens discípulos inexperientes, mas enérgicos e tranqüilos, que dizem ser irmãos, Erastos e Corisco. Ele lhes escreve, e também a Hérmias: "Unam a sabedoria e o poder, isso será bom para todos." Mais ainda, pede aos destinatários que prestem juramento, sobre a sua carta, de a ler e reler sem cessar, de fazer dela um objeto de culto. E se alguma nuvem obscurecer o céu sereno da sabedoria que leva o barco do tirano, que se recorra a ele, que restabelecerá a ordem.

Qualquer que seja o grau de autenticidade da carta, é bem o estilo de Platão — "vão e ensinem em minha memória".

Evidentemente, essa delegação sacralizada de um poder inútil não fica de pé, como não ficou a sua própria delegação junto a Dionísio. Os tiranos gostam de paparicar a filosofia e respirar o seu cheiro. Esperam com isso perfumar-se com um pouco de glória roubada. Mas, geralmente, a história acaba mal.

Erastos e Corisco, mais sábios do que o seu glorioso patrono, renunciam logo à tarefa. Hérmias também, cansado dos seus discursos, os manda passear um pouco mais longe, ao norte, em Assos.

O fato interessante, e que constitui uma metade de causa, é este: Aristóteles conhece ou ouviu falar desses dois irmãos e da comunidade platônica que eles reúnem à sua volta. Um pequeno núcleo de discípulos potenciais. Pessoas que se podem freqüentar, com quem conversar. Um pequeno círculo. Acrescente-se ainda essa pequena causa às outras e o nó está dado.

Acaso necessário ou destino bem estranho, pois desse encontro de causas que teriam podido continuar sem nenhum outro efeito senão o encontro, justamente, de alguns filósofos em uma costa da Ásia Menor, nasce uma aventura pouco comum.

Efetivamente, um desses dois irmãos, Corisco (por causa do seu nome que soa bem, ou por uma certa amizade superficial que Aristóteles teria com ele), tem a sorte de coruscar no livro das *Refutações sofísticas**, emprestando o seu nome para as demonstrações, como no sofisma do homem velado (Vejo chegar um homem que não reconheço, pois está velado, mas se ele tirar o véu, eu o conheço, é Corisco. Então, como posso conhecê-lo e não conhecê-lo?). Em outro texto, Corisco se torna o nome genérico para designar "qualquer homem", mas um homem civilizado. Aquele com quem se pode ter uma conversa sincera.

Mas isso não é o mais estranho. Esse Corisco tem um filho, um certo Neleu, que será discípulo de Teofrasto. Como Teofrasto, o amigo fiel, herdou os manuscritos de Aristóteles, ele os confia, no momento de sua morte, a Neleu. Este os guarda no seu porão, em Skepsis.

Cerca de 250 anos depois, os descendentes de Neleu vendem tudo (dizem que muito caro) a Apélicon de Teos, que por sua vez vende o conjunto a Sila. Os manuscritos estão estragados, mofados — estavam no porão. (Na França é no sótão que são amontoados os tesouros murchos — quadros velhos, vestidos de casamento, bonecas quebradas, malas cheias de cupons russos de antes da Revolução, folhas de papel rosa sem utilidade, revistas femininas — até o dia em que, por milagre, um comprador de velharias, de passagem pela cidade, sopra a poeira de um quadro voltado para a parede, limpa o canto esquerdo e descobre uma assinatura. "Não diga, é um La Tour!")

O círculo

Deixemos Plutarco contar a continuação:

Feito isso, ele [Sila] partiu da cidade de Éfeso com toda a sua frota, e em três dias chegou ao porto de Pireu, onde foi recebido na confraria dos mistérios, e ficou com os livros de Apélicon Teiano, entre os quais estava a maioria das obras de Aristóteles e de Teofrasto, que eram então absolutamente desconhecidas, nem tinham chegado às mãos dos homens. E, como se diz, sendo esses livros levados a Roma, o gramático Tirânion encontrou um modo de apoderar-se de grande parte deles, e Andrônico de Rodes, tendo encontrado os ori-

* Obra intitulada "Dos argumentos sofísticos" na Coleção "Os pensadores" — Aristóteles. (N.T.)

ginais pessoalmente, os divulgou e escreveu os sumários que temos agora; pois os antigos filósofos peripatéticos eram realmente pessoas eruditas e de bom espírito, mas não tiveram nenhum livro de Aristóteles nem de Teofrasto, e o pouco que tiveram não viram inteira nem perfeitamente, porque a sucessão de Neleu de Skepsis, a quem Teofrasto deixou todos os seus livros em testamento, acabou caindo nas mãos de pessoas grosseiras e ignorantes, que não souberam valorizá-la."[2]

Essa história parece uma lenda, pura invenção destinada a embelezar a lembrança. Bonito demais para ser verdade, pensam os historiadores desconcertados. O achado miraculoso, como novo nascimento, e a redescoberta, são artifícios de hagiógrafo![3]

Mas vamos considerar as coisas como elas foram contadas. Existe na *doxa* uma verdade que não se importa com a autenticidade, zomba dela, substitui a insipidez dos fatos e os reconstrói na sua medida. Manto bordado da narração, que veste a memória, faz sonhar e fabrica a imagem. Assim, o Corisco, esse joão-ninguém, ainda brilha na lembrança, como a minúscula aldeia de Skepsis.

É que, muitas vezes, o destino trágico — aquele que dobra como juncos os personagens da tragédia, os heróis, as celebridades lendárias, os primeiros papéis — se serve de qualquer um, do pálido homem do povo, do humilde utensílio de cozinha, para cumprir a sorte, lançar o bom ou o mau olhado, fazer-se eco de uma expectativa, objeto transitório votado ao esquecimento e pelo qual o acontecimento se precipita. Você perdeu o avião porque na última hora esqueceu aquela chave e escapou da morte. Ou foi o contrário e você morreu, o esquecimento te pegou.

Corisco, simples nome-exemplo na obra, torna-se guardião dos textos através da sua descendência. Esse homem que aparece velado no texto aristotélico, e cujo filho lança um véu sobre os textos... E Sila, que encontra e leva os manuscritos para Roma, pondo-os em mãos duvidosas, as do gramático ladrão, morre como Spêusipo, comido pelos piolhos. A história não fechou o seu círculo?

Muito estranho. E certamente Aristóteles teria recusado essa coincidência, demasiado inverossímil. "Prefira o verossímil à verdade não crível!", dizia ele. Se tivesse visto a sua vida como o poeta vê a sua obra, de longe, teria evitado instalar o episódio Corisco no enredo da sua tragédia. Mas teria errado.

A ironia das coisas não está no desmentido que a realidade inflige aos sonhos teóricos, mas em dar-lhes razão a contratempo: Aristóteles quer que a tragédia seja poesia "completa e acabada". Sem dúvida, ela o é quanto à narração da sua própria vida, mas somente cerca de três séculos depois de sua morte. Quando os manuscritos roídos de traça chegam a Roma e Andrônico os copia. O tempo, como unidade, escapa às regras de conveniência. E o verdadeiro, às do verossímil: um sopro de ficção move os nomes e as coisas.

NOTAS

1. A carta VII, aos parentes e amigos de Díon.
2. Plutarco, *Vida de Sila*, capítulo LIII. Quanto à propensão dos antigos a morrer por doença de piolhos, ver Anne Cauquelin, *La mort des philosophes et autres contes*, PUF, 1992.
3. Segundo E.Zeller, J.Burnet e L.Robin, isso é apenas invenção de Andrônico de Rodes, para dar credibilidade à sua edição das obras de Aristóteles, publicada por volta de 40 a.C. Mas P.Moraux fica indeciso sobre esse ponto.

Aristóteles na ilha

O filósofo é uma ilha

Um porto, Assos. No mar Egeu. Ao norte da Mísia. Hérmias enviou para lá os dois irmãos filósofos, não como exilados, pois os protege e mantém, mas simplesmente os mandou "lá para fora", como se diz às crianças: "Vão brincar lá fora!" Aristóteles, depois de uma breve passagem pelo palácio de Hérmias, em Atarneus, se reúne a eles.

Na direção do oeste, diante do porto, adivinha-se a costa da Calcídica, Estagira e, mais atrás, as montanhas da Macedônia.

O avesso do direito. Quando criança, era com a costa da Ásia Menor que ele sonhava.

O mar, sempre recomeçado. Vê-lo, estar nas suas costas. Desta vez, é Tróade, as praias míticas de Homero — Tróia está um pouco mais ao norte — e atrás, a Ásia imensa, os périplos de antigos deuses caídos, e seus fabulosos bestiários. As armas de Ajax ainda estão por terra, e as palavras aladas do seu poeta preferido o envolvem com sua bruma dourada. Ele as sabe de cor.

Assos, um lugar natural para ele, o exclui de Atenas. Um lugar escolhido, um pedaço do seu ser. Atirem uma pedra, diz ele, ela cairá no seu lugar. Ele é pedra, fez-se lançar.

E enquanto ao norte está Tróia, diante dele, no oeste, o monte Atos — mais visível, é verdade, a partir de Lemnos — que apareceu também para Jasão, quando o navio *Argo* abria caminho para o mar Negro. "Atos na Trácia, que um homem bem equipado pode atingir em uma noite, mostrou suas espáduas logo acima de Mirino."[1] O navio já tinha passado diante de Áulis e Mitilene, diante da foz do rio Amirus, um dos três rios da Macedônia, dobrara os contrafortes rochosos do Ossa e do Olimpo.

Caminho aberto entre as ilhas: era preciso passar entre a Ática e a Eubéia, no estreito canal do Euripo, de correntes variáveis, e depois confiar-se aos ventos.

Assos, o porto obrigatório dos barcos em fuga. A lembrança dos Argonautas, as lendas asiáticas de Medéia. O comércio de sedas e tinturas, ponto de encontro comercial do mundo helênico e dos desertos longínquos.

Um indefinível toque de ironia

A salvo dos palácios sempre sombreados por intrigas, das cóleras sangrentas que, em Pela, levaram Arquelau e Amintas — respectivamente avô e pai de Filipe — e o próprio Filipe, a salvo do que deveria também acontecer com Hérmias, perfidamente vendido aos persas que o supliciaram até a morte, a salvo das glórias e vaidades que ele perdera por causa de Spêusipo, Aristóteles pode tornar-se "Macedônio", o "Macedônio Fernandez" de Borges:

"... A literatura importava menos a Macedônio do que o pensamento, e a publicação menos que a literatura, ou seja, era-lhe quase indiferente. Milton ou Mallarmé procuravam a justificação da sua vida na redação de um poema ou até de uma página. Macedônio queria compreender o universo... às vezes ele condescendia em escrever e muito raramente em publicar..."[2]

Algumas vezes, lendo certos relatos, reconhecemos os traços singulares de um homem ou de uma situação que parecem esclarecer aquele cujo retrato, nesse mesmo instante, planejamos fazer. Alguma coisa dá um sinal — algo muitas vezes insignificante — sem que seja possível afirmar que essa coisa — uma mania, uma particularidade — pertença realmente àquele de quem falamos.

Macedônio dizia que usava barba para evitar a dor de dentes. Se em Atenas Aristóteles, ocupado com suas obrigações de polidez, se barbeava cuidadosamente — e a polidez aliás, não lhe foi de grande proveito — em Assos, eu o imagino bastante desleixado, desarrumado mesmo. Quanto à explicação de Macedônio, ela poderia ser a de Aristóteles, calor do pêlo contra o frio dos dentes, o seco contra o úmido, um equilíbrio natural.

E também a solidão.

Em torno dele, os seus discípulos, reunidos em uma espécie de centro de pesquisas, Xenócrates, sempre útil embora pomposo, e

Teofrasto, seu amigo. Solitário, apesar disso. "Com uma polidez sorridente", ele dizia que "a poesia reside nos caracteres e nas idéias... não atribuía o menor valor à sua palavra escrita... grande parte da sua obra se perdeu assim, talvez definitivamente. Lembro-me de ter-lhe reprovado essa negligência. Ele me disse que supor que pudéssemos perder alguma coisa era presunção, e que a inteligência humana era tão pobre que estava condenada a achar, perder e redescobrir sem cessar as mesmas idéias... isso não impediu que, em seus escritos, principalmente na prosa, percebêssemos uma música involuntária que corresponde à cadência pessoal da sua voz..."[3]

Esse tom, que Momigliano chama de "um indefinível toque de ironia e de tristeza, que era a marca do gênio aristotélico".[4]

Ironia e tristeza, só um toque, um tom — talvez uma cadência — abster-se das frases graciosas, da escrita burilada, dizer apenas o necessário, andar rápido porque o tempo é contado, correr contra o tempo curto da vida tão curta, e para isso o recolhimento — o silêncio e a solidão — a ilha.

Chegar à ilha. Ancorar. Ficar lá. Todos os portos são ilhas e todos pertencem à melancolia. Flaubert: "Ninguém saberá quanta melancolia será necessária para tentar descrever Cartago."

Melancolia sim, mas daquelas que ativam a energia, e que nem a infância nem a juventude conhecem. Volta não para dentro de si, mas para o que foi perdido e cuja forma é velada, de modo que não se sabe se a idéia de hoje é realmente aquela que se teima em reencontrar. Motor imóvel de todas as imagens que se movem, lago sombrio que já contém em potência o que não tardará a vir à luz — ou talvez não. Ruminação de coisas conhecidas mas que não se reconhecem exatamente, é preciso ainda ruminá-las para que fiquem no ponto. Digeri-las, cozinhá-las no fogo da paixão. Aristóteles tem suas idéias sobre isso, e é justamente o momento de expô-las, de fazer algo com elas. Não que seja preciso ser melancólico para falar da melancolia — se ele é, é contra a sua vontade, não sabe que é, a prova é que ele não está no número dos melancólicos. Platão sim, diz ele. Sócrates e Empédocles também.

Para falar de melancolia, basta ser um pouco médico, observar em torno de si, ter tido contato com Hipócrates, através de Nicômaco. Enfim, construir uma teoria geral dos humores, dos contrários e das misturas, aproximar, em suma, o singular da lei geral. Isso basta.

Ou então, a maneira distante com a qual ele fala — como que de uma obstrução da bile — prova talvez de que ele tenha passado

MELANCOLIA

Aristóteles trata da melancolia em dois textos: nas *Partes dos animais*, como fisiologista, afirma que a bile negra é o produto de uma digestão inacabada, por causa do temperamento frio do melancólico, que não consegue queimar inteiramente os resíduos da alimentação, e nos *Problemas* (XXX), estende-se sobre o caráter próprio aos melancólicos e sobre as variedades de bile negra — entre as quais a loucura mística, a *mania*.

Ver *Problèmes*, trad. J.Pigeaud, "Petite bibliothèque", Rivages, com introdução e notas.

muito perto dela, que sabe alguma coisa por experiência, sem ser verdadeiramente atingido por ela. Mas ainda se deve acrescentar essa ilha-refúgio, essa solidão propícia. Pois a matéria-prima, as observações de animais, de suas partes e de sua geração, de seus comportamentos, tudo isso se torna possível no território da ilha, no porto, tendo como pano de fundo a imensidão de um continente inexplorado, a Ásia.

Todos os viajantes, de Cook a Robinson Crusoe, personagens de ficção ou aventureiros, têm como primeira tarefa reconhecer os lugares, descrever a fauna e a flora, desenhar um mapa. A bordo do *Beagle*, Darwin costeia a Terra do Fogo.

As origens humanas e logo a zoologia, a botânica dependem da ilha. Nela, estão em casa. A medicina também, ligada a ela por todas as suas fibras — é na ilha de Cos que Hipócrates escreve *Os lugares do corpo*.

Da ilha depende também a loucura, como prisão. Essa espécie de loucura da melancolia aguda: a ilha, murada de mar ou de oceano, que, porque fecha, também abre para mundos sonhados.

E é claro que essa marca, esse "indefinível tom" que a distância assinala — a ilha está sempre longe e ao longe — tem um pacto com os mundos possíveis.

São, primeiro, os mundos não-humanos, a animalidade, que nos envolve e fixa o nosso lugar na cadeia natural dos vivos. É ainda o mundo incrivelmente variado das linguagens, esse rumor de palavras com limites mutáveis, movediços, que os marinheiros do porto, os artesãos, os viajantes, os poetas, declinam em todos os tons. O filósofo, como a ilha, se encontra no centro de espaços virtuais, que ele tem como tarefa recolher e ordenar. O filósofo é uma ilha.

O descritor 2

Da ilha, abraça-se a variedade das coisas e dos seres que a habitam. A rede do pescador estende-se sobre a sua diversidade abundante — o que fica preso nas malhas da rede deve ser selecionado, é preciso isolar as espécies segundo uma certa ordem. Algumas vezes, devolve-se ao mar o que não parece convir. Ou então, é posto de lado, para um exame posterior. Age-se por comparação, isto é, por diferenças.

O mapa é o território

Imaginar que a terra é plana, que ela não se move. O que vive sobre a terra, o *Grund*, o fundo, está solidamente preso a ela pelos pés, pela raiz ou pelo peso, ou ainda simplesmente porque a terra é o lugar por excelência. O único laço natural para quem pertence à natureza.

Husserl compreendeu isso, e está próximo de Aristóteles: "A terra não se move." É um mapa, com suas zonas fronteiriças, seus recortes, seu colorido. E o ponto de vista do cartógrafo, de onde ele traça o seu plano. Caminhar através do mapa é ir do mais perto ao mais longe, respeitando as etapas, as paradas.

Desenhar um mapa não é colocá-lo verticalmente, como um muro que se deve escalar, mas desdobrá-lo em seu comprimento, diretamente no chão. Aristóteles é o cartógrafo do vivo.

A ilha é o centro desses mundos que o universo reúne em torno dela. O lugar do narrador, que faz dela o seu trabalho. Atlântida ou Utopia. Lugar de predileção para os pássaros — Aristóteles em sua ilha enumera 135 espécies. E naturalmente, para os peixes — descreve 105 espécies — crustáceos, conchas. Ele gosta particularmente dos ouriços.[5]

Lugar de predileção para as grandes visões, de asas largamente abertas, de barcos singrando ao largo e voltando para o porto. É o vivo, é tudo o que se move e o pensamento também é movimento.

Vamos, diz ele, vamos conhecer a ilha. Primeiro, vamos estabelecer um índice — quadrúpedes e bípedes, de plumas e de pêlos, de sangue quente e de sangue frio, vivendo no ar ou na água, sobre a terra ou sob a terra, da terra ou da espuma, úmido ou seco, e mais uma vez quente ou frio.

Uma grande simplicidade silenciosa, a mais próxima possível daquilo que ela cerca e mostra. Não simplista, agindo por sim e não, por esquerda-direita, um-dois, as dicotomias sempre moralizantes, o bom, o mau, mas simples porque ela faz com o que tem, com o que está à mão. Não esquematizante, com grandes traços verticais, mas exuberante, ao contrário, pois a simplicidade respeita os detalhes, é atenta a todas as formas de diferenças. Assim, diz-se que alguém é simples quando ele se adapta facilmente ao outro, não impõe *a priori* as condições de um entendimento, e fica, como se diz, "natural".

A opção pelas coisas 2

É porque há várias entradas no mundo dos vivos. E o mais simples é tomá-las uma a uma. Mesmo tendo que refazer várias vezes o percurso, pois o movimento é circular e os elementos se repetem, em circunferências sucessivas.

Assim, partindo da posição no solo, Aristóteles, no livro *Sobre o caminhar dos animais*, distingue os animais que têm quatro pontos de apoio, ou mais, e aqueles que têm apenas dois (o homem, os pássaros). Sua constituição anatômica dependerá pois dessa posição e do elemento que é a sua base, o seu lugar natural — a terra. Com a diferença — mas será preciso voltar ao princípio que acabamos de enunciar — de que o pássaro está em seu elemento, o ar, quando voa, embora também esteja no seu elemento, a terra, quando come ou nidifica. É por isso que Aristóteles hesitará em considerar o avestruz como pássaro. Muito pesado, ele não voa. Não é exatamente um pássaro.

A simplicidade é também a complexidade, a aceitação das mínimas diferenças que se entrecruzam, se emaranham. Não a complicação, que é questão de retórica e que, de certo modo, é sempre linear.

Depois, o elemento geral aceita muitas variações; o lugar natural é simultaneamente elementar — composto de um dos quatro elementos — e singular. A terra é rocha ou planície, pântano ou floresta, montanha seca ou nevada. A água é água do mar ou água do rio ou do lago, perto das margens ou ao largo, rasa ou profunda. E o ar está sujeito a muitas perturbações, ligado como está à marcha do sol e à dos astros, às estações, à chuva e à tempestade, às nuvens que voam na luz para estranhos destinos.

Pois, evidentemente, há muito mais ar em torno de uma ilha, muito mais água, muito mais misturas de elementos do que em qualquer outro lugar. É por isso que Aristóteles escreve os *Meteorológicos*.

O ponto fixo, que é esse pedaço de terra, que cerca e contém tantas coisas vivas, é, por sua vez, banhado por uma outra esfera, delimitada por um outro círculo, o da atmosfera, o ar movediço, caprichoso, alterável, agitado por movimentos opostos, exalação dupla — a famosa *anathumiasis* — de quente úmido e de seco terroso. O próprio ar que respiramos e que nos envolve, o sublunar, não é mais do que um círculo compreendido em outro círculo, situado mais acima, mais perto da Lua. A parte do ar que forma o círculo exterior é assim mais pura, mais seca, e seu princípio é o fogo, enquanto que aquela mais próxima de nós é feita de vapor, exalação úmida do elemento terroso. As duas atmosferas sublunares se misturam nas vizinhanças dos seus limites recíprocos, formando então um composto variável, inconstante, sempre em desequilíbrio, enquanto outro composto, este mais estável, caracteriza a região em que o segundo círculo toca na última esfera, a dos astros.[6]

No horizonte, faixas de nuvens, ora de um azul diluído, quase branco, mais claras do que a água agitada por reflexos, ora mais sombrias, e parece então que são as margens indecisas de uma costa fantástica, que um golpe de vento dissipa. Talvez outras ilhas que se pudessem atingir. *Désirades*.*

Sim, sem a ilha, ficam impossíveis os meteorológicos, as tempestades desejadas, nada de cosmologia. O Timeu de Platão sofre de uma doença terrestre, de uma intelectualidade terrosa. As concepções de Aristóteles são úmidas e variadas, furta-cor, pois a ilha é sensualidade com gosto de espuma do mar, cabelos soltos de Afrodite, ondas dos dias e das noites.

* Evocação do nome de uma pequena ilha das Antilhas, *La Désirade*, A Desejada. (N.T.)

É porque as teorias não são insetos de geração espontânea, e por trás dos conceitos que o filósofo convoca sistematicamente, estão em reserva o movimento das vagas, a rebentação na praia e o vapor luminoso dos átomos suspensos.

"Raios refletidos da terra, dispersos na imensidão... sendo o vapor, de fato, água dividida."[7]

O clima, a atmosfera diáfana, os círculos luminosos e variados, os invólucros de ar são casa — *oikos* — para nós, os vivos. Nada se saberá sobre esses pequenos robôs que perambulam, vagueiam e se agitam sob a Lua, se não forem ligados às sucessões ritmadas do espaço-universo.

Aristóteles ecólogo

Ele é ecólogo, mas de modo algum ecologista — a natureza se vira muito bem sozinha. Mais do que isso, ela nos governa, e seria bastante pretensioso querer socorrê-la, um erro lógico, uma deturpação dos princípios, até um pecado do coração.

Ele está nos antípodas da ecologia moderna, que vê por toda a parte carência, degradação, decadência e catástrofes em série, dizendo: "É preciso sustentar o planeta Terra, acalentá-lo com cuidados atentos", "Cabe a nós humanos zelar por ele, senão pereceremos com ele, por falta de subsistência", e disfarçando mal uma angústia milenarista que não ousa dizer seu nome, multiplicando as latas de lixo, enterrando os detritos, sonhando com uma "grande saúde", com uma limpeza levada ao fanatismo. Somos responsáveis pela sobrevivência de Gaia? Ou devemos enviar para a biosfera um mundo miniaturizado — biosfera 2 — para perpetuar a sua lembrança entre os astros, depois que Gaia se extinguir? Essas questões que agitam a nossa época, e às quais se mistura uma certa política, não dizem nada a Aristóteles. Ele as julgaria sem fundamento, absolutamente desprovidas de sentido.

Falta de confiança na força da vida, diria ele. Ataque de febre maligna, que envenena a fonte do sentimento, tão forte em Aristóteles, de uma finalidade natural, essa espécie de maravilhamento diante dos fenômenos, dos mais humildes aos mais estranhos à nossa razão, que o biólogo descobre funcionando nos processos da vida.

Ele vê a natureza como um organismo que se auto-reproduz, repara-se a si mesmo, jogando com a analogia para adaptar-se, tendendo sempre para a economia. No fundo, a natureza é gramática lógica. Mulher e mãe, avó, seu trabalho é a arrumação: ela guarda *hic*, aqui, as coisas que combinam; ela guarda os homens na gaveta "animais", com algumas especificações, assim como arruma seus potes de geléia e suas preciosidades em armários cuidadosamente organizados. O chifre com o chifre, os membros com os membros, cada órgão com sua função. As asas dos pássaros são nadadeiras nos peixes, com as quais eles se deslocam no elemento aquoso. Não semelhantes mas análogos. Cumprindo a mesma função. O que o ar é para o pássaro, o mar é para o peixe. Na *Poética*, dirá a mesma coisa: "O que o escudo é para Ares, a taça é para Baco." A analogia é economia. Faz passar de uma borda à outra os termos emparelhados de uma relação.

Encaixes que lembram os invólucros do céu; o que a esfera superior dos astros é para a inferior, sublunar, a inferior é para o nosso próprio invólucro aéreo. E os órgãos (as partes) de um corpo são para os elementos-princípios o que esses mesmos princípios são para o corpo em seu conjunto. Terrestre, o homem aceita partes terrosas, que se compõem com o úmido e o seco, o quente e o frio. Deslocando-se no ar, ele também aceita algo de ventoso, o esperma que se relaciona tanto com a terra quanto com o ar, a bile com o peso da terra, o coração com o fogo do céu.

Os órgãos como os corpos têm seu "lugar", são alguma coisa desse lugar. No interior do nosso invólucro corporal, abrigamos mundos diversos, que caminham cada qual a seu ritmo, com seu princípio. A doença não é senão um deslocamento, um erro de lugar; o coração sobe à garganta, onde não tem nada que fazer, o diafragma, que separa a parte de cima da de baixo, se abate. Resultado: o riso, que sacode as tripas e invade a parte nobre do indivíduo, através de uma espécie de irrupção intempestiva.

> A fim de que o órgão principal da alma sensível não sofra nenhum dano e não seja atingido pela exalação que emana da comida [...] a natureza estabeleceu uma barragem, fazendo do diafragma uma espécie de parede e separou a parte nobre daquela que o é menos. Quando, por causa da proximidade, essa parte atrai o humor quente e excrementício, imediatamente esse humor causa uma perturbação manifesta no raciocínio e na sensibilidade.
>
> *Partes dos animais*, III, 10.

Assim, é o calor de baixo, feito de exalações excrementícias, que passa para a parte superior e perturba o pensamento. É aí que acontece o riso. O homem, animal frágil, de pele fina, é o mais tendente a essa perturbação; é por isso que é o único animal que ri. Assim, é possível rir sem querer, e dizem que um ferimento de guerra no esterno pode provocar o riso, por causa do calor que a ferida emana.

Ao demonstrar uma certa submissão, que não lhe é habitual, às conveniências (o riso é mal visto pelos filósofos, e Platão, ao que se diz, nunca ria), Aristóteles acha esse riso "deslocado". Mas a explicação que ele dá desse anátema lançado sobre o riso não tem nada de moral, o riso é simplesmente um erro de lugar.

Mas talvez exista um outro tipo de riso, mais leve, vindo da cabeça, de uma espécie de inchação do ar, mais alegre? Parece impossível que Aristóteles não ria, que não tenha prazer nesse deslocamento, nesse abandono a uma lei natural. Afinal, o homem é o único animal que ri e sente cócegas. Dois risos, talvez, como haveria dois tipos de melancolia — uma que seria alegre, por exemplo, leve.

A vida dança

Em todos os casos, esses movimentos se compõem entre si, em um maquinismo complexo, que a natureza instalou e que ela governa, como o exibidor de marionetes segura os fios invisíveis das suas criaturas dançantes, mas deixando-lhes a sua autonomia.

A natureza, para Aristóteles, é esse mesmo movimento simples, que mantém em harmonia as partes do corpo. Inútil atribuir-lhe uma alma ou uma intenção; quanto menos intenção houver nos corpos que obedecem a esse ritmo natural, mais os seus movimentos são fáceis e livres. Quando se começa a atribuir intenção ao fígado, à bile ou ao coração, é porque o desregramento não tarda. A natureza imóvel e taciturna faz o seu trabalho sem criar casos. Tranqüilamente. Como diz Kleist: "A linha motora não é nada mais do que o caminho descrito pela alma do bailarino." A alma, isto é, o conhecimento íntimo da dança, o princípio motor que o faz dançar, enquanto segura o fio que faz dançar as marionetes.

A dança é o que o bailarino faz e o bailarino é aquilo que ele dança. Fórmula que teria encantado Aristóteles — a natureza, diria ele, se define pelo que é natural e o natural pela natureza. A alma da natureza é o princípio que a faz natureza.

A língua popular, que fala em termos de movimento, não se engana — problemas de nó na garganta, olho gordo, coração partido, o sucesso que sobe à cabeça ou a decisão que se empurra com a barriga, talvez porque não se saiba onde se tem o nariz ou não se seja dono dele; alguém ou alguma coisa que não se consegue engolir, pois fica-se com o estômago embrulhado, o que não significa que se é um indivíduo de maus bofes. Às vezes, é preciso fazer das tripas coração, e quando se está de cabeça quente é bom lembrar que aquilo que é de natureza quente não deve esfriar, que o úmido não deve se transformar em seco, que o ar destinado à traquéia-artéria não pode invadir as cavidades inferiores, que o esperma não deve ser excessivamente terroso.

É o corpo que decide, não a alma; é o corpo que se regula e desregula, os órgãos que, em seu trabalho incessante, falham, se cansam; são as coisas do corpo que mudam de lugar ou se enganam de mensagem.

Sim, o corpo é questão de lugares, *Os lugares do corpo* de Hipócrates, que Aristóteles não cita, de tão bem que já captou e digeriu o seu conteúdo, mas amplia a sua teoria à medida da ilha, um microcosmo, um análogo do mundo. Como nossos próprios corpos são ilhas singulares, dispersas, disseminadas, geradas e gerando-se.

Animais textuais

Pois a ilha não contém apenas as espécies detectáveis, observáveis aqui e agora; ela abriga uma coleção de seres de leitura. Todos aqueles que Aristóteles encontra em Homero, Ctésias ou Hecateu de Mileto, ou dos quais ouve falar pelos viajantes do porto. E os órgãos descritos pelos hipocráticos, e também por Empédocles ou Anaximandro.

Animais supostos, de costumes curiosos, que devem ser passados pela triagem dos princípios. Do tigre de olhos azuis e pêlo vermelho, de tripla arcada dentária, comedor de homens, até o crocodilo de maxilares invertidos. E por que não? Na fantasia infantil, o crocodilo, tão bizarro, ocupa um lugar privilegiado. E suas lágrimas — lágrimas de crocodilo — remetem em eco ao riso amarelo de quem não chora nem ri.

Economia natural. Se o elefante tem uma tromba, não é à toa, pensa ele, isso deve servir para alguma coisa, para respirar, por exemplo. A natureza não teria gasto tanta pele, tanta carne e tanta imaginação só de brincadeira. Chafurdando nos pântanos, enterrado até o pescoço no elemento líquido, o bem-amado elefante levanta o nariz para aspirar grandes sorvos de ar. Por isso, tem um aparelho lógico. O léxico de suas partes está instalado em uma sintaxe, tudo se articula, ele é completo.

Inútil ver para saber (e talvez, pelo contrário, seja necessário saber para ver). A observação e a organização das partes podem fazer-se no nível dos textos.

A invenção

Assim, o descritor não é escravo das coisas que descreve, como se pensa freqüentemente. O Renascimento italiano, desprezando os pintores holandeses, muito próximos da vida cotidiana, supõe que a invenção, faculdade da alma iluminada pelos raios divinos, paire acima da matéria, que ela anula e transforma em espiritualidade. Leonardo da Vinci ou Michelangelo, como bons neoplatônicos, maldizem os pintores realistas da Holanda.

"...Pinta-se em Flandres... Essa pintura se resume em farrapos, pardieiros, verduras dos campos, sombras de árvores e rios... e muitas figuras, muitas figuras aqui e ali..."[8]

É Platão tratando Aristóteles de "leitor". Mesma distância. Mesmos traços característicos.

Será preciso esperar Hegel para corrigir a situação e fazer a apologia do Norte, desses flamengos tão preocupados com os detalhes da descrição, e conseqüentemente da invenção. Porque descrever é inventar.

"Os mestres holandeses... souberam associar à liberdade e à fidelidade da concepção, ao amor pelas coisas aparentemente insignificantes, ao frescor da visão, aberta para tudo o que desfila diante de si, e ao poder de mergulhar sem reservas nas coisas mais limitadas, mais estreitas, a maior liberdade na composição artística e uma extraordinária finura no que se refere ao acessório e ao secundário..."[9]

"Alguma coisa vem acrescentar-se a esses objetos banais: o amor, a inteligência, o espírito, a alma com os quais o artista os apreende e deles se apropria, insuflando assim uma vida nova nas criações da sua arte."[10]

Aristóteles como pintor flamengo: a comparação é talvez ousada, mas não parece menos exata. Senão, como deixar-se seduzir por seu retrato pintado por Rembrandt, que, insensivelmente, nos conduz à Holanda, para o norte sombrio, para as naturezas-mortas e as cenas de aldeia, para os mapas pregados na parede, onde as palavras se absorvem na pintura, os espelhos redondos, o detalhe de animais esfolados, tudo isso muito longe da abstração altiva das cidades da Toscana ou da Úmbria.

Quer a prioridade caiba à pena, quer ao pincel, à palavra ou ao sinal gráfico, o objeto só existe depois de feita a descrição. Ele é propriamente "inventado" quando a palavra é encontrada, quando a ferramenta o forjou, e a coisa sempre leva a marca do trabalho que a construiu como objeto separado, distinto, detalhado, autônomo. A tinta, a pena, a vela, o caderno fazem parte do objeto desenhado na folha, como o léxico e a sintaxe de determinada língua fazem parte das árvores, das plantas, dos animais que eles produziram, deram à luz. Palavras e pintura organizam um mundo, o fazem viver. Ler e ver são a mesma operação, contígua. Aristóteles via com palavras, ora lendo-as, ora escrevendo-as.

O leitor, ou ledor, nunca acaba de ler, e quando lê, uma máquina se instala na sua cabeça, funcionando como faz a própria natureza, por analogia, por relação, por encaixe.

Obviamente, Aristóteles não produz, por si mesmo, os elementos naturais, mas trabalha recompondo-os, fazendo um relato, uma narração, seguindo as articulações uma a uma — outras tantas seqüências ritmadas — indo do princípio para os detalhes específicos da sua organização. Aquilo que o orienta também pertence a essa disposição que a natureza dá aos humanos, o poder de penetrar nos seus próprios dispositivos, de explicitá-los, de comparar, triar, classificar — como ela faz. "Não há diferença entre o erro da vida — pois a natureza se engana, erra às vezes — e o erro do pensamento; é o primeiro que dá a chave do segundo",[11] dirá Canguilhem, tratando de medicina.

O detalhe, o fragmento

Vejo Aristóteles como delegado da natureza, completando a sua obra pela arte — "a arte completa a natureza" — dando-lhe sua forma pensada, duplicando-a, de certo modo, para que ela nos seja inteligível. Para essa obra, não há nenhuma necessidade da comprovação do vivido; a maioria dos objetos nos escapam, mas estão virtualmente colocados — basta ater-se aos princípios.

Plínio o Velho também fala de animais extraordinários, acumula os casos raros, encanta-se com relatos. Encontram-se, em sua *História natural*, muitos animais descritos por Aristóteles, além de outros. Mas, em Plínio, só existem fatos supostos tratados como fatos reais, que são apresentados e nada mais. Assim, o leitor logo se cansa. Falta algo aos seus textos, o tom de uma exigência, a obra. Naturalmente, as descrições de Aristóteles são divertidas, como o crocodilo de maxilar ao contrário, com tripla arcada dentária, um bestiário que pode nos parecer fantasmagórico, porém, mais do que isso e principalmente, há o fio de uma construção, de uma argumentação incansável, que liga os elementos esparsos de um processo explicativo. É a obstinação de compreender e justificar que torna tão saborosa a descrição. A coleção de curiosidades só vale por sua preocupação com a ordem, não pelas próprias coisas colecionadas, por mais extraordinárias que sejam.

Essa é a diferença entre detalhe e fragmento.

O detalhe é registro de dados, preocupação em salientar esta ou aquela parte e conferir-lhe uma importância arbitrária. Concentração do olho e do ouvido sobre um ponto do conjunto. Aparecem como no microscópio particularidades que uma visão rápida não pode apreender.

O detalhe é curioso, interessante, sugestivo, fala, ou faz-se com que ele fale. Tenta a intimidade, que provoca em nós o sentimento de uma materialidade completamente estranha ao sentimento do todo, "a inquietante estranheza" de uma certa mão com suas veias, suas rugas, seus nós, como que destacada do corpo, cortada. O olho cortou, separou essa parte do meu corpo, que parecia ser um todo. Seria eu apenas uma reunião heterogênea de "textos escolhidos"? O detalhe elimina a totalidade, que ele nega. Caio em uma coleção de nadas, disperso-me em anedotas fugitivas, sem saída, a não ser nelas mesmas. Dissolvo-me em pequenas máquinas autônomas e desarticuladas. Daí um certo tédio, devido à repetição de uma mecânica da separação. Em luta contra a pretensão à totalidade, contra a ambição de um projeto, o detalhe conquista a adesão dos que se chamam pós-modernos. Crítica do global, tem como defensores os adeptos do "interessante" ou do "insignificante" — o que dá no mesmo, pois o interesse do insignificante, no contexto do detalhe, é não remeter a outra coisa senão a si mesmo e recusar qualquer dependência em relação à significação em geral. Destacado, desarticulado, isolado, o brilho do detalhe ilumina com ilusões singulares o mundo da arte. Mas se tudo se torna brilhante, se tudo é interessante, o que predomina é o sentimento de banalidade.

O fragmento, em contrapartida, não existe fora do todo que ele repete.

Cada fragmento é uma totalidade pois está ligado, a partir do interior, pela organização íntima das suas partes, semelhante à organização de todos os fragmentos entre si. Ao contrário de Plínio o Velho, Aristóteles não descreve detalhes, constrói fragmentos em sua relação com o todo.

Sem dúvida, o fragmento é isolado, demarcado, mas não é escolhido por si mesmo, apenas por sua cumplicidade com um conjunto complexo. Escolhido por aquilo que ele mostra de outra coisa que não é ele, sugere um todo, ao qual o liga a analogia, que é a forma lógica em que ele adquire vida. Pensemos na anedota a respeito de Hipódamo de Mileto: o manto de lã não é um detalhe, é um fragmento. Através do manto, chega-se ao personagem inteiro. Do mesmo modo, avestruz não é interessante em si mesmo, nem o crocodilo, nem o asno indiano de que eu gosto tanto. Se estão ali, é como partes de um todo animal, cuja organização complexa, em rede, se efetua em certos pontos, em uma forma específica.

E o mesmo ocorre no mundo da arte, onde neste momento o detalhe parece reinar, como assinatura da obra de exceção: nenhuma obra deixa de remeter às outras. Não há, absolutamente, singularidades, apenas ecos ou nós. E se as obras não se explicam pelas determinações causais, no mínimo obedecem à surda lógica da analogia.

Pois o todo chama os fragmentos, como estes remetem ao todo. Os laços não são de justaposição, mas de constituição. Não de causalidade simples e linear, mas de finalidade, essa finalidade sem fim, que Kant erigiu em princípio da estética. Se a arte completa a natureza, a natureza da arte completa, por sua vez, a obra que ela suscita, envolve e suporta. Assim, a descrição da vida descreve menos as coisas do que as suas ligações. É uma descrição orgânica, uma fantástica arrumação. Um delírio de conhecimentos, uma paixão de dizer a beleza lógica dos animais assim recriados.

Evidentemente, encontram-se sérios comentaristas quase contentes na sua alegria maldosa: "Ah, ah! O grande filósofo errou, que bobagem, que absurdo, então ele não sabia? ... Nós, ao contrário, sabemos."

E o que é que sabemos, que escaparia às leis do baixo e do alto, do frio e do quente, dos lugares naturais? O que escaparia à finalidade da vida, que é a geração da vida, à força do seu movimento — do qual o repouso é uma fase, como a doença é uma fase da saúde — lei da alternância pela qual um, o repouso, se define pelo outro, o movimento. E a doença faz parte do mesmo ciclo; sem isso a saúde seria apenas entropia, fase congelada de um percurso inútil.

"É o poder do organismo de resistir à doença que o faz são."[12] Poder inteiramente virtual, assim como a doença está virtualmente em nós. É nosso desafiante, de certo modo. E do mesmo modo, o início do movimento está potencialmente no repouso. Como o repouso é aquilo para o qual tende o movimento.

No percurso da vida, a ilha, Lesbos, e o porto, Assos, são como o repouso e o movimento, e toda a obra de Aristóteles se situa nessa rosa-dos-ventos, as partes do discurso, os animais e as plantas são sua âncora mais poderosa. À sua volta, irradiando-se do seu centro, desenvolvem-se as pesquisas históricas sobre a organização (natural) dos governos, a política, a metafísica e a física, os pequenos tratados da alma — *Parva Naturalia*. Pois tudo é corpo. E o corpo do texto é um corpo. Cada um envolve e desenvolve o outro. A ilha, ponto infinitesimal perdido no oceano, gera um universo. O corpo dos textos se organiza como o corpo da ilha.

Teofrasto o bucólico percorre os campos em torno de Mitilene com seu herbário. Aristóteles, que é tão desajeitado e tem uma vista tão fraca, desenha pranchas anatômicas. Como se faz um mapa para não esquecer.

Banhada de luz, a ilha perfuma o ar que se respira, o canto do mar provoca o ouvido, também provoca a reflexão — o que é sentir, respirar, ouvir, tocar?

O homem do tato

Decididamente, o homem é um animal muito estranho. Pertence a todos os elementos. Certamente, tomou forma na água, que é o berço de todo ser vivo, mas logo a natureza fez dele um híbrido, o único que pode responder-lhe em eco. Um ser transversal, autônomo. Mais frágil do que o animal — seu olfato é menos desenvolvido que o da raposa, sua vista menos penetrante que a do lince, seu ouvido menos fino que o da lontra. Mas é mais completo, mais sensível, mais composto.

> **O homem é inferior a muitos animais, mas no tato ele os supera a todos, de longe, em acuidade. Aliás, é o tato que divide os indivíduos em bem e mal dotados: os que têm a carne dura são mal dotados intelectualmente; mas os que têm a carne macia são bem dotados.**
>
> *Da alma*, II, 9.

Tátil, a inteligência. E o homem, de todos os animais o mais "tocável", aquele que se deixa tocar pelas sensações.

"Carne dura e carne macia", isso pode parecer ridículo, mas não dizemos que alguém tem "a cabeça dura", ou é "obtuso", o contrário da "inteligência aguda"? A matéria da alma depende do modo de perceber, ela é isto: uma percepção mais ou menos refinada. A alma está ligada ao corpo por todos os seus poros. O tato, no registro das relações entre homens, é a transposição dessa tatilidade primordial que caracteriza a inteligência.

O ar lhe é indispensável, e é porque ele aspira que o sabor e o odor chegam até ele. Ao contrário dos peixes, que não sentem cheiro porque não aspiram. Ele também vê as cores, pois não tem os olhos duros (os animais sem pálpebras, de olhos duros, são apenas incomodados pelo brilho das cores), e ele ouve, pois o ar toca os objetos e os faz vibrar, "à maneira exata dos objetos que saltam sobre uma superfície polida".[13] O mundo inteiro toca o corpo, o faz ressoar como um tímpano. E ele próprio toca esse mundo. Ele é conexo, contíguo ao mundo. O que se chama alma é apenas essa nota harmônica, corda de uma lira que a mão acaricia, e que parece orquestrar aquilo que os animais experimentam de modo disperso, em um sentido comum, uma sinfonia ou uma sintaxe. "Teu corpo, três quartos composto de água, mais um pouco de minerais terrestres, só um punhado. E essa grande chama em ti, cuja natureza não conheces. E nos teus pulmões, sempre aspirado e inspirado no interior da tua caixa torácica, o ar, esse belo estranho, sem o qual não podes viver."[14]

Partir outra vez

A ilha oscila, força as suas amarras. Rompe-as. O vento, a onda, um cavalo, um navio trazem uma carta de Filipe. "Meu filho Alexandre precisa de lições. Ele precisa — eu preciso de ti. Vem."

Dizem que Aristóteles não pôde resistir à idéia de educar um filho de rei, um rei para o mundo, como se conservasse um vestígio da visão política de Platão. Como se... mas eu não acho.

Simplesmente, ele olha para o lado da Macedônia, lá nas costas em frente. Seu lugar de nascimento, a casa do pai.

O viajante na ilha sonha com a volta. Ulisses também. Voltar, pensa ele, içando as velas. E não voltar, ainda não. Algo o chama, algo o retém, o guia e o desorienta. Isso se chama destino, talvez ocasião. Uma imagem para guardar, a do jovem que segura, sorrindo, o fio de uma faca em equilíbrio sobre o dedo. É *kairos*, o tempo.

NOTAS

1. Apolônio de Rodes, *A viagem do Argo*, 1, 587-600.
2. Borges, *L'Auteur et autres textes*, Gallimard, 1964.
3. Ibid.
4. Arnaldo Momigliano, *Les origines de la biographie en Grèce ancienne*, Circé, 1971.
5. Pierre Louis, *La découverte de la vie, Aristote*, Hermann, col. "Savoir", 1975. O autor listou os animais estudados por Aristóteles, e dá indicações úteis sobre a sua maneira de trabalhar. Os leitores que se interessam pela terminologia encontrarão o elenco (bilíngüe) de todos os animais citados nas obras biológicas de Aristóteles, na seqüência do tratado *Sobre o caminhar dos animais*, Belles Lettres, trad. de Pierre Louis, 1973.
6. *Météorologiques*, Vrin, trad. Tricot, I, 3.
7. Ibid.
8. Crítica atribuída a Michelangelo. Sobre a descrição na pintura, o belo livro de Svetlana Alpers: *L' Art de dépeindre*, Gallimard, 1990.
9. Hegel, *Estética*, A pintura, III, seção c, a pintura holandesa e alemã.
10. Ibid., I, seção a, o conteúdo romântico da pintura.
11. G.Canguilhem, *Le normal et le pathologique*, 2ª parte, cap. III, "Un nouveau concept en pathologie", 3ª ed., PUF, 1991.
12. G.Canguilhem, *Le normal et le pathologique*, op.cit.
13. *Meteorológicos*, II.
14. Marguerite Yourcenar, *Écrit dans un jardin*, Fata Morgana, 1980.

Volta à Macedônia

Onde se vê como, aos 42 anos,
Aristóteles volta para a Macedônia

Agenda

Aristóteles aproveita a oportunidade.

O lugar fora oferecido publicamente. Filipe o propusera aos filósofos de Atenas. Isócrates gostaria de ocupá-lo; pensa ter direito a isso, já que sempre foi pró-macedônio, mas está velho demais. Recomenda um dos seus discípulos, Teopompo de Quio, que se mostra muito humilde — até demais. Propõe outro, Isócrates de Apolônia, pouco experiente. Spêusipo — embora já premiado com a direção da Academia — também não torceria o nariz para esse emprego. Propõe os seus serviços e simplesmente trai o país: sugere que Filipe submeta Anfípolis, que reine sobre a Grécia! Há limites para o servilismo.

Na verdade, como em todos os concursos de seleção, a escolha é feita antecipadamente; o perfil do vencedor já está gravado. É um jogo de cartas marcadas. Em benefício do velho amigo Aristóteles. Desde o nascimento do seu filho, Filipe prevenira Aristóteles: "Estou orgulhoso de ter um filho na época em que você vive."

O filósofo aproveita a oportunidade, ou antes aceita jogar esse jogo. Não concorrera ao cargo nem correra atrás dele. Na ilha, as notícias demoravam a chegar. Se fugira das intrigas não era para mergulhar nelas outra vez. Mas se a ocasião se apresentasse por si mesma, por que não? "Não me furtarei a isso", responde à carta de Filipe. Nessa atitude, há talvez um certo espírito de revanche. De ironia. Mas também simplicidade. Sua resposta é clara, mas bem distante: sim, mas então você reconstrói Estagira, que você destruiu em uma das suas campanhas guerreiras. Ponha tudo outra vez no lugar. Se não, não vou. Breve admoestação, muito afastada da bajulação dos outros concorrentes.

Filipe responde "tudo bem", e, coisa curiosa, reconstrói efetivamente a cidade. Plutarco precisa: "Ele a reconstruiu por sua causa, e reconduziu para lá os habitantes que tinham fugido."

Aristóteles faz as malas, empacota os manuscritos, empacota também Teofrasto, e embarca. Destino: Macedônia, Pela.

Pode-se imaginar o ciúme, os rumores, os boatos no pequeno mundo dos rejeitados. Tinham se esquecido um pouco dele, depois que partiu. De repente, voltou à cena. Esse depravado — amigo de um eunuco, pior do que isso, um escravo liberto (é verdade, o tirano de Atarneus era tudo isso) — que esbórnias ele deve ter aprontado na corte de Hérmias! Dizem que se apaixonou por uma prostituta, a ponto de rastejar diante dela. Imaginam-se posições ignóbeis, obscenas. O filósofo a cavalo sobre a mulher, ou a mulher cavalgando-o — pior ainda. Submetido ao prazer e tendo prazer na submissão. Que história lamentável! Belo filósofo, além disso louco por dinheiro, a prova é que só freqüenta as cortes reais... primeiro a de Hérmias, agora a de Filipe, ainda mais luxuosa!

O falatório continua, a *doxa* o recolhe, guarda-o, transmite-o, pois adora os temas escabrosos. Vê-se, ainda hoje, no portal de catedrais góticas, um Aristóteles de quatro, cavalgado por uma fêmea...

Uma educação

A tradição afirma que ele seguiu os passos de Platão na idéia de fazer um filósofo-rei, ou um rei-filósofo. Também afirma que ele tentou a mesma coisa com Hérmias.

Não foi o caso de Hérmias; outros motivos fizeram com que Aristóteles atravessasse o mar Egeu. Por que teria sido diferente com Alexandre? Esquece-se a obstinação, a repetição. Em sentido inverso, da Ásia para a Macedônia, a proposta é a mesma. Sim, ele irá — "Não me furtarei ao teu convite". Quanto a saber o que ele pensa sobre uma educação filosófica para um príncipe, os acontecimentos falarão por si.

Realista demais para crer nas virtudes de uma formação perfeita, consciente da fragilidade de um tal projeto, e, além disso, já conhecendo o exemplo infeliz de Platão na Sicília, sabe muito bem que não se pode "passar" filosofia, como se "passa" uma receita médica, um bilhete de rifa, uma bola ou dinheiro falso. De qualquer forma, e apesar das aparências, ele tem a filosofia em mais alta conta do que

CAUSA FINAL

Uma das quatro causas alegadas por Aristóteles, e certamente a mais importante. Enquanto a causa material designa o que pertence à matéria — aquilo de que é feita a coisa (a pedra é causa material da casa, se esta for de pedra) — enquanto a causa eficiente diz respeito ao agente responsável pela sua produção (o arquiteto ou o operário) e a causa formal é a que determina a organização da matéria (segundo uma idéia da coisa a fazer), a causa final visa a razão pela qual a coisa foi feita, e envolve por isso mesmo as três outras ordens de causas.

Ver *Metafísica*, livro.

Platão — é verdade que o velho mestre contava com sua sedução para doutrinar os tiranos, esperava contagiá-los. Mas a sedução se desvanece com o sedutor.

Aristóteles sabe quanto tempo e trabalho são necessários para desenhar ao menos a sombra de um meio-sábio. Com muito esforço, restarão talvez alguns rudimentos de método. Alguns sólidos princípios de ordem. Uma forma de espírito. Assim, o ceramista fabrica a forma de um vaso. Mas cabe ao proprietário do vaso enchê-lo de óleo ou de vinho.

Alguém pode se tornar filósofo depois de muito tempo, mas um rei é rei imediatamente. Assim que ele assume o papel, a peça já está representada. Hérmias já é tirano quando Aristóteles chega a Atarneus; Alexandre, em Pela, já é príncipe. Ele sabe muito bem disso, e pede para começar o trabalho apenas quando Alexandre tiver 13 anos, não antes. A causa final já fez a sua obra e se algum agente exterior pode inclinar ou modular essa causa, não pode contrariá-la. O fim está no começo. O fim é o começo.

Rei OU filósofo. As disposições que o posto impõe a um e a outro são diferentes, para não dizer opostas.

Não, Aristóteles não é louco, sabe que é impossível representar os dois papéis ao mesmo tempo. Eles dependem de duas espécies de inteligência, que talvez possam suceder-se mas não coexistir.

Quando deixa a ilha — "Não me furtarei" — sabe que seu projeto é frágil, artificial. À natureza de Alexandre, e principalmente à natureza das coisas, ele só poderá acrescentar alguns detalhes, alguns toques de verdade. Um verniz sobre uma pintura já composta, e está na natureza do verniz estalar, fender-se. Aquele com o qual Platão recobriu Dionísio não demorou muito para descascar. O de Hérmias nem chegou a pegar na tela rugosa. Só um brilho rápido, que logo escureceu.

Realismo refrescante. Nem grandes palavras, nem noções vazias, nem moral inútil.

Os "intelectuais", como se diz hoje, se preocupam muito com o papel que têm que desempenhar junto aos "detentores do poder". Em seus momentos de lucidez, eles até duvidam da sua influência, o que não os impede de reunir-se para arquitetarem planos de campanha. "Devemos, você deve, eles devem", engajamento, posições, independência, peso da verdade (esquecem o peso do erro), peso da mídia, é preciso saber usá-la, ser "formador de opinião". Esquecem que condenam a mídia à execração pública logo que essa mesma mídia os critica, e desprezam geralmente a opinião, porque ela é "manipulada". Palavra feia que designa uma coisa feia, mas que se transforma em boa ação quando se trata da "decisão certa". Manipula-se quando se tem as mãos sujas, mas apenas se informa quando se está com a mão na massa. A massa é limpa, todo mundo sabe. E multiplicam-se os comitês de notáveis, de peritos em generalidades, de academias de culturas mundiais... E fora de todos esses comitês e discursos, há a nossa própria idéia-ocidental-do-século XX sobre o que seja um intelectual ou um artista: alguém que mostra o caminho, ilumina a partir de uma convicção interior, dá testemunho, é porta-voz, porta-expressão, guia do grande museu do futuro universal.

Longe de aderir a essas idéias — que teriam lhe parecido grosseiras, e os ditos intelectuais inconseqüentes — Aristóteles não se furta, já que é solicitado, mas exige tempo para dedicar-se ao seu trabalho. É nisso que ele confia.

O que lhe interessa é a sua obra, a sua ilha. Egoísta como todos os que privilegiam a sua exigência. Pensando no continente a explorar mais e mais. Pensando então — a pedagogia vale alguma coisa, pois obriga a formular claramente as idéias — em ser simples, eficaz. Pensando: um futuro rei deve saber alguma coisa de política. Boa ocasião para fazer teoria. Nada mais. Seu interesse é pela teoria, não pelos resultados.

Muitas vezes, confunde-se empirismo e realismo. Empírico, Aristóteles teria fantasiado sobre o resultado (ao contrário do que se pensa, ninguém é mais idealista do que o empírico; ele acredita ferrenhamente no fazer). Teria caído na armadilha de Platão. Mas Aristóteles é pura e simplesmente realista. A realidade, à qual ele adere como ao seu guia, ao seu mestre, o preserva da credulidade, mostra-lhe por toda a parte ocasiões, conjunturas, mistura, complexidade. Alimenta-se da medida — da prudência — e de leis bastante gerais para serem indiretas, deixando espaço para os seres e as coisas. O realismo se conserva à distância daquilo que ele trata. Instala-se na espera da ocasião, que oferecerá aos princípios a matéria, maleável, do seu exercício.

Munido da sua recusa ao modelo platônico, da distância que mantém em relação a ele, aceita o cargo de educador.

Faz as malas e embarca.

Alexandre está com 13 anos, seus cabelos louros refletem o sol, tem um olho verde e o outro amarelo. Olhos insolentes. Pergunto-me o que ele pensa, quando vê Aristóteles desembarcar com suas pernas finas. Os dois se olham, medem-se, avaliam-se.

A corte de Pela não é um lugar propício ao estudo. O mestre, o aluno, os livros, o amigo Teofrasto, os jovens companheiros de Alexandre, professores de equitação, criados partem para Miesa, morada real ao norte de Pela. "Ali ainda se vêem os assentos de pedra que Aristóteles mandou construir e as aléias cobertas de árvores, para passear à sombra", diz Plutarco.

A ordem do tempo

E Aristóteles organiza a agenda. Gosta de organizar. Os dias, as noites, o tempo, o movimento e o repouso. É uma espécie de mapa, com seus pontos de referência, seus nós, seus caminhos. Itinerários medidos. Nesse mapa, movem-se como um projétil Alexandre e um projeto, a educação de Alexandre. É esse projeto que constrói o tempo simultaneamente como totalidade finita e como sucessão de instantes sem fim. Trata-se de reunir conhecimentos diversos em sucessão; do mesmo modo, é preciso conter o tempo inteiro no instante. Quadratura do círculo.

O paradoxo dessa linearidade circular só pode ser resolvido medindo-se, numerando o movimento. Escansão ou ritmo, essa é a resposta dançante ao paradoxo. A escansão é uma cesura que liga; o ritmo, uma parada que faz parte do movimento.

Questão de ordem, a biblioteca

A questão é pois a da ordem na qual os conhecimentos devem se suceder, ao mesmo tempo em que todos estão presentes. Questão de tempo e de espaço. Ou de espaço de tempo.

Em outras palavras: "Oscilamos entre a ilusão do acabado e a vertigem do inapreensível. Em nome do acabado (todo o conhecimento), queremos crer que exista uma ordem única, que nos permitiria ter acesso imediato ao saber; em nome do inapreensível, queremos pensar que a ordem e a desordem são duas palavras que designam o acaso."

Aristóteles certamente concordaria com estas palavras de Perec, no seu livro *Penser-Classer*: refletir na ordem ou na desordem dos conhecimentos que engolimos equivale a fazer um trabalho de bibliotecário.

Primeira palavra de ordem: "O que é acabado é limitado."

O capitão Nemo limitou a sua biblioteca a 361 volumes. Número arbitrário, mas toda ordem também é. No tempo, os conhecimentos de Alexandre serão limitados — deverão estar "acabados" em três anos. Nesse espaço de tempo, considerar a totalidade. Mais uma vez, prática do fragmento.

Segunda injunção: "Arrumar."

A arrumação é também questão de uma palavra de ordem. Geralmente, na arrumação dos livros, a palavra de ordem está implícita: por assunto, por autor, por título, por coleção. Algumas vezes por grossura ou altura. Isso é normal, nos dá o sentimento, não analisado, de arrumação. Perec, seguindo o modelo de Bécassine,* nos propõe outras: "alfabética, por continentes ou países, por cores, por data de aquisição, por data de publicação, por formato, por gênero, por língua, por prioridade de leitura, por encadernação, por série..."

E por que deveríamos rir de Bécassine? Quanto a mim, sempre a achei justa em suas respostas — palavras e atos — às injunções mal formuladas que caíam sobre ela.

Assim, não acho evidente que ela tenha se enganado, quando sua avó, ao sair, lhe pediu que "arrumasse a casa", sem entretanto lhe dar a palavra de ordem da arrumação. A menina cumpriu a ordem,

---

* Personagem tradicional de história em quadrinhos. (N.T.)

TEMPO

O tempo é naturalmente circular. O movimento do céu, perfeito, perfeitamente circular, é o modelo da imobilidade em movimento ou do motor que move sem ser movido. Mas, sobre a terra, sob a lua, nosso percurso é mais estocástico: ele começa e acaba, numera-se de acordo com o movimento do anterior e do posterior. O tempo é número do movimento e adere a ele. Sem movimento, não há tempo. Assim, se alguém dormir durante 50 anos, não poderá saber se o tempo passou, pois não se moveu. O tempo é ação.

seguindo a sua própria: por cores. As maçãs junto com o cobertor, o leite com os lençóis e os pratos.

O que há nisso de repreensível ou de risível? E o que seria "evidente" como ordem de arrumação? Foi a avó que errou, não deu a "palavra" de ordem, a injunção está vazia, falta a chave. Bécassine encontra uma, nem mais nem menos eficaz do que qualquer outra. Até mesmo melhor, porque a sua ordem critica a ordem implícita e faz a certeza vacilar.

Então, como Aristóteles, que não poderia ser confundido com Bécassine, arruma os conhecimentos de Alexandre? À sua própria maneira, completamente singular, por círculos concêntricos. Só o círculo resolve o problema de uma sucessão finita, dá o todo preservando os segmentos. Assim, o primeiro livro é também o último e cada um, por sua vez, pode tornar-se primeiro em relação ao seguinte, mesmo sendo o último da série. Uma biblioteca circular, orgânica.

Assim, os estudos de Alexandre serão uma espécie de dança lógica. Nada a ver com moral, nem mesmo com a idéia de um progresso, de um desenvolvimento. Muito longe da ascensão laboriosa, etapa por etapa, que Platão infligia aos seus discípulos. Longe também da triste organização de horários, tarefa ingrata dos pedagogos modernos.

O tempo, de fato, considerado em sua linearidade, só pode ser destruidor:

> Vemos que tudo envelhece sob a ação do tempo, que tudo se apaga, mas não que nos instruímos ou nos tornamos jovens e belos.
>
> *Física*, livro IV.

Deve-se confessar que esse modo de considerar a educação é bem estranho. Até amoral, segundo o nosso código. De qualquer forma, revolucionário: ao invés de ser dividido em pacotes dosados por semana de 28 horas, o conhecimento é visto como um todo. É tudo, imediatamente, que é preciso saber. É o todo que importa. Estamos vivos ou mortos, mas não se pode estar "só um pouco" vivo.

Terceira injunção: "Tratar o saber como um organismo."

Organismo no qual a parte inteligente — o conhecimento — é ao mesmo tempo uma parte e o todo, reflete o conjunto, envolve a natureza que, entretanto, o produziu. Como ela fabrica seres vivos, a natureza fabrica também o instrumento para conhecer-se a si mesma, o homem, "o mais inteligente dos animais", responde por sua inteligência a esse desejo de conhecimento. Certamente ele é feito para isso, e a natureza teria encontrado um meio de refletir-se em si. Enquanto ela envolve a totalidade do mundo, deixa-se envolver pela sua criatura.

Quebra-cabeça 1

Como se trata de um organismo vivo, e porque eles são parte desse organismo, os conhecimentos formam um todo diversificado, um complexo do qual cada parte deve remeter às outras.

O que importa, então, são os laços, as passagens. Sempre a analogia, grande mestra de obras. O que a anatomia é para a biologia, a história das constituições (espécie de anatomia léxica dos regimes) é para a política. O que a fisiologia é para a anatomia — uma procura das causas, um aprofundamento dos princípios — a política, que retoma de um ponto de vista geral e como que sintaxicamente os dados, é para a história. E a física, que governa conceitualmente o conjunto dos lugares e das coisas concretas, deve encontrar um análogo no que se refere aos acontecimentos — o que acontece. A cada etapa reencontram-se os níveis do léxico e da sintaxe: uma gramática completa envolve o conjunto.

Para terminar, a metafísica é filosofia primeira, pois o fim, o termo, o acabamento, o *telos*, não é mais do que o começo, o princípio elementar. Ela é para a física o que a física é para a biologia e para a fisiologia. Como esse "sol a mais", que vem coroar a causa material: "pois o que gera um homem é um homem, mais o sol."[1]

Sol da metafísica, causa final, já presente antes mesmo que se trate dela.

Sol ainda velado, e que parece elevar-se pouco a pouco, pacientemente perseguido, já na ilha, onde ele aparecia através da bruma distante, e ainda aqui, em Miesa, enquanto Aristóteles, também pacientemente, percorre as florestas, os caminhos de planícies e de colinas, em companhia de Alexandre.

Sol dos textos — o leitor gera leitores — o texto gera textos — como o homem é causa do homem, "e mais o sol".

O que é difícil em Aristóteles é compreender de uma vez por todas que o "e mais" está de fato no começo. Que o fim é, antes de tudo, o começo. "E mais", o sol? Sim, mas no começo. Compreender, em suma, que devemos mudar nosso modo de ligação entre as coisas — deixar a linha reta, que acorrenta pedaço depois de pedaço, para considerar o círculo. A totalidade antes das partes.

Ora, a totalidade é finita, enquanto as partes deveriam poder estender-se indefinidamente, por adições sucessivas. Sempre o problema da biblioteca — o conhecimento é um todo, mas os saberes podem multiplicar-se ao infinito. Os livros se acrescentam aos livros, mas o conjunto "livro" os contém a todos. Em espiral, a biblioteca infinita. Borges compreendeu isso,

Que sol sobre os textos, a não ser a poesia? Alexandre lê Homero. O impetuoso jovem o leva consigo, o ama como um pai — nascemos no poético, somos todos filhos do texto, todos. *A Ilíada*, anotada pela mão de Aristóteles, acompanha o futuro conquistador.

"...e a colocava sempre com o seu punhal sob a cabeceira do leito, estimava-a e chamava-a alimento e manutenção da virtude militar", nos conta ainda Plutarco.

Lê também os trágicos, Eurípides, que os macedônios acolheram e festejaram; *As Bacantes*, vaiadas em Atenas, são ovacionadas em Díon — essa cidade que Arquelau amava, morada das Musas nas encostas do monte Olimpo —; Ésquilo, que Aristóteles gosta de citar.

A *Poética*, último livro de Aristóteles segundo a cronologia, mas primeiro segundo o princípio de circularidade, nasce, ancora-se aqui, perto das montanhas trágicas da Macedônia, onde ainda ressoa o eco das Bacantes, o riso estridente e desarticulado de Dionisos, por onde

TELOS

Aquilo que é visado, o objetivo. Mas, para Aristóteles, aquilo em vista de que uma coisa é produzida não se encontra no fim de um percurso, mas também na sua origem; falando da cidade, ela representa o *telos* de cada cidadão, seu objetivo é, LOGO, o seu começo. Idéia de uma circularidade sistêmica, orgânica, que marca o pensamento aristotélico.

Ver *Política*, livro I.

passa o sopro de loucura que dilacerou Penteu, "triste alvo". Onde o próprio Eurípides foi devorado pelos cães.

País desmesurado, excessivo, de neves resplandecentes e bosques profundos. "Para onde conduzes os coros, ó Dioniso, portador do tirso? [...] Acaso para os frondosos tálamos do Olimpo, onde Orfeu outrora, tangendo a cítara, conciliava as árvores e as bestas-feras?"[2*]

As regras da arte

O que é, pois, uma tragédia? O que é preciso para que ela comova e convença, como ligar o léxico das ações com uma sintaxe "completa e acabada", um conjunto coeso?

É preciso que haja regras; elas são simples.

O tempo: deve ser de amplitude medida pelo tempo do público; longo demais, perde-se o enredo.

A linguagem: deve ser clara, mas não trivial, "elevada".

O enredo: deve ser crível. O poeta deve preocupar-se não com a verdade dos fatos, que aconteceram realmente, mas com sua verossimilhança. É preciso que o público dê sua adesão ao que ouve. Coisa importante para o político, essa verossimilhança. E algo completamente novo para o filósofo. Como, não é de verdade que se trata?

---

* Trad. Eudoro de Sousa, in Eudoro de Sousa, *As Bacantes de Eurípides*, Duas Cidades, S.Paulo, 1974, p.32. (N.T.)

VEROSSÍMIL

O verossímil, assim como a *doxa* e ao contrário de Platão, tem para Aristóteles um valor particular. Ele reina imperiosamente, por exemplo, em domínios específicos, como a poesia e a retórica. Na poesia, pois é o único juiz do que pode ser aceito como verdadeiro pelo público e o que — mesmo verdadeiro — não pode sê-lo. Assim, o verossímil demarca a fábula, que se situa sob a sua lei. Ligado à *doxa*, opinião mais comumente aceita, ele próprio é dependente dessa opinião e não pode contradizê-la sem perder a sua eficácia. Para o juiz, o advogado ou o retórico, o verossímil faz o papel de prova ou de premissa. Não se pode ignorar que a verdade da justiça é na maioria das vezes uma aproximação do verdadeiro: um semelhante ao verdadeiro.

Ver *Poética e retórica.*

Não, não é. Para comover, para convencer, é o verossímil que importa. Ora, o que, para o público, parece verossímil? O que ele já conhece. A repetição como prova.

Deve-se preferir a mentira verossímil à necessidade na qual não se pode crer.[3]

Heróis lendários, histórias conhecidas, memória estocada pronta para renascer, esse é o fundo comum.

Não nos enganemos. Isso é "política simbólica" — aquela que utilizam os grandes conquistadores, os reis sem igual, e, modestamente, os políticos nas eleições. São mitos antigos que suscitam o entusiasmo. É deles que é preciso servir-se, eles não se desgastam, assim como os mais antigos terrores, os sonhos mais arcaicos.

O temor e a piedade, essas duas molas da tragédia também são os seus efeitos. Se o público tremer, se se comover, a política atingiu o seu objetivo. Mas para isso, não se deve levar muito longe a ficção. A verossimilhança tem seus limites, que dependem da opinião comum. Existem ficções "maravilhosas", mas devem ser proscritas porque não funcionam. Ou seja, o público não "engole" durante muito tempo. Credibilidade não é credulidade.

E depois, outra regra constitutiva: os atores não têm um papel predominante, apenas levam o enredo, a história; sua personalidade não é uma prioridade. O sujeito psicológico, o sujeito simplesmente, não é o que importa. É a ação, o desenvolvimento de alguns germes depositados no início (mas, como se sabe, o fim está contido ali), que é o sujeito. O indivíduo é sua ilustração. Apenas isso.

(Mas desenvolver a reflexão sobre a tragédia é também desenvolver uma reflexão sobre o político. O enredo teatral, suas estases e seus avanços são outras tantas seqüências políticas. E certamente existem políticas bem-sucedidas — ou fracassadas — como há tragédias bem ou mal concebidas.)

Rasuras e rascunhos

Na realidade, as lições para o aluno real são também lições para o mestre. Elas o levam a articular as disciplinas entre si, a encontrar as passagens. Uma espécie de revisão geral das suas atividades. Pois é preciso recomeçar sempre, refazer o percurso. O poético passa para o político como a metafísica para a física. A obra se desenha por ondas concêntricas na circularidade do pensamento. Cada momento da vida é um rascunho que o momento seguinte reescreve. Por exemplo, o esforço que consiste em construir um plano de estudos para Alexandre é um rascunho do futuro Liceu. Aristóteles ainda não tem consciência, mas já sonha com isso. Prepara suas armas. Educa-se para a educação.

Rascunho de outro tipo, também: o que a ocasião produziu uma vez se produz de novo. Os rascunhos se sucedem aos rascunhos. Alguns ensaios demandam uma longa explicitação. Tanto aqueles que cabe a nós levar a termo quanto os acontecimentos que não dependem de nós. A história se repete, imita-se a si mesma.

Spêusipo está morto e enterrado — rascunho jogado fora. Mas Xenócrates lhe sucede. É o novo líder da Academia, cercado dos espíritos mais brilhantes do século, enquanto Aristóteles, em Miesa, cidade desconhecida, faz papel de pedagogo para dois ou três rapazes, dos quais nenhum quer ser filósofo.

Para ele, também é amargo saber que Xenócrates, esse laborioso sem gênio, ocupa o lugar que lhe parece devido, ou a ferida cicatrizada do seu amor próprio lhe causa apenas um leve incômodo? Ou o esquecimento?

Sim, o esquecimento, porque é preciso e porque todo esquecimento tem sua contrapartida, a invenção. "A marca que a percepção imprimiu na alma" é uma imagem desenhada sobre um quadro, ela está presente, mas a coisa copiada está ausente. "Pode-se então contemplar essa imagem como cópia daquilo de que ela é a imagem."[4] Depois, cópia de cópia, a imagem se gasta, a paixão — o que se vivenciou — se extingue; a inteligência fica então livre para seguir à frente. Controlar o esquecimento, rememorar apenas o que é útil. É possível

> Se não se é melancólico, se a agitação do espírito não é demasiadamente grande, se não se é de temperamento úmido demais, se não se tem as extremidades muito grandes, se não se é nem um anão, nem um velho decrépito.
>
> *Parva Naturalia*, "De memoria et reminiscentia".

O esquecimento, o sono, o vazio. A estética (uma sensibilidade) se deve em parte às disposições do corpo. Aquele que esquece tem a força de esquecer. A força de dormir. Para isso, é necessário esse fogo que a umidade do temperamento anula muitas vezes. Não deve haver essa agitação da bile, que é melancolia, enfim, que a força do fogo não se perca em um corpo excessivamente grande nem se concentre, apertada em um corpo muito pequeno. Outra técnica de esquecimento: buscar a sua força no vinho.

Existe realmente uma psicologia, mas sem sujeito. Os indivíduos só são interessantes na medida em que neles ocorram processos analisáveis. Um estudo dos princípios que movem os estados de alma, e retoma para si — mais um círculo — a fisiologia e a física. Descartes faz outra coisa com as *Paixões da alma*? Espíritos animais e movimento da glândula pineal. Estados da alma ligados aos estados do corpo e corpo submetido às leis da física. Descartes seria aristotélico sem saber?

Em Miesa, Aristóteles, como um mecânico, monta outra vez as peças da sua máquina, aperta os parafusos. E prevendo a evolução possível, deixa folga para introduzir outros elementos. Nada está acabado, o cenário, os personagens, o fio do enredo ou do enredamento, tudo está ali, mas resta um lugar vazio, o do diretor — o "sol a mais" — ou antes o da realização: é a obra acabada que dá sentido às partes.

Volto ao ponto: o diretor não é esse sujeito livre independente, exercendo a sua vontade em atos decisivos, mas o próprio enredo, o acaso, a conveniência, causa final, para qual, às cegas, se precipita o ator.

Por enquanto, são copiões, filmados em câmara lenta, para testar. Para esse trabalho, nada melhor do que ser obrigado a montar e remontar os fragmentos diante dos neófitos.

Um herói trágico

Quanto à eficácia dessa pedagogia — Alexandre será um bom príncipe, fará um bom governo? Aristóteles não pode prever. O temperamento, a ocasião, as determinações exteriores formam um complexo tão denso que uma resposta afirmativa não teria sentido.

Além disso, existe um regime absolutamente perfeito? Ao contrário de Platão, que sonha com uma norma imperativa, pensar que a política é questão de tato, de escolha, e no sentido forte, de prudência. Há regimes diferentes mais ou menos adaptados às situações — o essencial é detectar os seus pontos chaves e deixar-se guiar pelo "bom senso".

É esse bom senso que convém tornar natural, como que óbvio. Comandado pela natureza das coisas. A ética, em relação à alma e aos seus estados é para a política e para a história das constituições o que é a metafísica para a física, ou ainda o que a poética é para o governo das crenças. Não moral, mas fundamento conceitual. Sol envolvendo com inteligência — dando a perceber — o conjunto daquilo que se refere à vida.

É uma visão extremamente moderna. Pois se o princípio da compreensão é de ordem lógica, entretanto governa-se menos os sujeitos do que suas crenças, e age-se sobre o espírito do público — do povo — menos pelo logos do que pela emoção, menos pela verdade do que pelo verossímil. Nisso, a poesia — a tragédia — é um guia certo. O temor e a piedade, as duas tetas da catarse trágica, são também as do político, como as do retórico.

É uma política da mídia *avant la lettre*, para desespero dos moralistas impenitentes, sempre prontos a acusar a mídia de manipulação. Prontos a chamar Aristóteles de Maquiavel, ou então — o que é mais simples, para não destruir o pedestal do filósofo e da filosofia — a fazer silêncio sobre o que parece provocação. Provocante, até aterrorizante, essa idéia de que a política é apenas...

A política tem a ver com a *doxa*, essa opinião que não vale nada no currículo hierárquico dos conhecimentos. Ela é certamente, do ponto de vista da ciência, futilidade e verossimilhança, mas, do ponto

CATARSE

Termo do vocabulário médico, catarse designa a evacuação da bile por medicação — purgação ou qualquer outro meio capaz de ativar a digestão. Provocar a catarse é pois ajudar a natureza a livrar o corpo das impurezas. Considerado como um modo de cura em geral, o termo pode então aplicar-se à tragédia: esta provocaria uma emoção que, aquecendo a bile, acarretaria a sua evacuação.

Ver *Poética*, 6.

de vista da ação, ela é todo-poderosa. A opinião demarca o político, traça os seus limites; toda decisão deve passar pelo aval da *doxa*. É preciso que o público — o povo — acredite, tenha confiança, reconheça-se no político.

O medalhão

Alexandre, fabricado como um ator trágico? Sim, isso mesmo. Todo governante, e principalmente Alexandre, possui as marcas da tragédia. Ele não é de uma família lendária — Héracles é seu ancestral mítico, pelo lado paterno, e Aquiles, pelo lado materno? Há nessas casas tantos crimes sombrios quanto possam desejar os trágicos. Pelo lado paterno, o bisavô, Arquelau, assassinado por seu amante; o avô, Amintas, amigo de Nicômaco, morto por sua mulher Eurídice; o pai, Filipe, escapa por pouco do furor de sua mãe, enquanto o tio, Perdicas, sucumbe a essa nova Medéia. Pelo lado materno, Olímpias, sua mãe, sacerdotisa de um deus secreto, fúria aparentada com as piores Electras, massacra sucessivamente o próprio Filipe (ou pelo menos arma o braço do assassino), uma outra esposa de Filipe e seu filho, o meio-irmão de Alexandre, e finalmente Eurídice e seu filho Arraneu, que fora proclamado rei depois da morte de Alexandre. Não falta nada. Não há necessidade de invejar os atridas.

> As mais belas tragédias são as que são compostas sobre um pequeno número de famílias... aquelas em que sucederam grandes infelicidades, fábulas conhecidas de todos.
>
> *Poética*, 13.

Além disso, como vimos, não é sobre o caráter do personagem — bom ou mau — mas sobre as ações que o herói empreende que a tragédia se apóia. Que Filipe tenha sido um farrista, um bêbado, um bruto, que Arquelau tenha tido namorados (Filipe também os teve) e Amintas uma mulher infiel, não muda nada. É o destino que ata e manipula os acontecimentos, os vira e revira. Quanto ao desfecho, o melhor é o mais trágico, isto é, o mais infeliz. Eurípides sabia disso. É inútil pensar na lição que se pode tirar do assunto; o herói é justamente aquele que escapa às regras de conduta que se poderiam estabelecer, é antinormativo. Excepcional, ele só pode ser a imagem — a manifestação singular de um destino ímpar. Criando a cada vez as suas próprias leis, longe de ser um tipo universal, é a sua estranheza que faz dele um trágico. O herói é aquele pelo qual se define o heroísmo, ou o valor.

Ele é para si mesmo o seu próprio critério — juiz, *per se*, do que é valor — regra e medida da sua ação.

Como a saúde se define por aquele que é são, o valor se define pelo valoroso, a tragédia por aquele que se conduz como trágico... Nada mais "são" do que o herói de uma "grande saúde".

Belo retrato de Alexandre, em que a última palavra é deixada para o seu próprio critério e para a fábula. Em que Aristóteles, finalmente, não intervém como um educador à la Piaget, mas apenas como alguém que mostra: "Olhe-se. Aí está você, prefigurado. Agora é a sua vez. Você é rei, e sabe agora por quê."

Rembrandt, pintando o medalhão de Alexandre ao pescoço de Aristóteles, percebeu isso.

Assim, a tragédia é importante para o político. Ela é o político. Não no sentido em que falamos agora da cena, do espetáculo, do teatro político. Pois subentendemos nesses termos toda a desconfiança que a aparência suscita. Para nós, a cena é ilusória, quinquilharia, simples maquiagem, ouro de tolo e perversão da essência real do político. É porque separamos, como fez Platão, a realidade "profunda" da superfície agitada das ilusões mais ou menos agradáveis.

Quando Aristóteles pensa no político como dependência do trágico, inverte a ordem, ou mais exatamente, a suprime. A política "pura" não existe; ela se confunde com o que ela mostra, sua essência está no saber-fazer, no artifício bem construído da ficção, a partir do modelo da tragédia. Não são os oito livros da *Política* que se deve ler para saber política, é a *Poética*.

Quebra-cabeça 2

Mas seria conhecer mal Aristóteles supor que ele se limitaria a isso. Nenhum conhecimento está ligado a apenas um outro; são necessárias múltiplas passagens, pontes múltiplas para que o saber funcione como organismo.

Volta-se, recomeça-se, regressa-se. Obstinação do touro que pisoteia a pista. Aristóteles, bustrófedon: o boi que só consegue pastar andando para trás, porque seus chifres são recurvados para a frente.

Recomeçar, partir de novo para trás — e se o poético fosse uma das maneiras de tratar do político, e ainda houvesse outras? Por exemplo, a biologia?

Introduzir o político no biológico. E vice-versa.

A classificação dos animais é análoga à dos regimes políticos, serve-lhes de modelo, de certa forma. Não uma metáfora, como Platão dizendo: "O Estado é um grande animal", mas transposição das estruturas elementares.

Trata-se realmente de uma anatomia — bisturi dissecando as constituições existentes — seguida de uma espécie de fisiologia dando os princípios naturais que as animam.

Compreender alguém é fazer como ele, amar a natureza é seguir as suas leis, fazer como ela faz. Compreender Aristóteles é fazer como ele, ou pelo menos tentar. Ir fundo.

O artista, diz ele na *Poética*, é aquele que, longe de imitar os objetos produzidos pela natureza, imita o seu processo. Coloca-se no lugar da natureza, faz como ela, é econômico: nada em vão e nada em excesso, utilização dos estoques em vista de uma produção "completa e acabada", adaptação dos meios em vista de um fim. (Entre parênteses, definição genial em sua concisão, e que foram necessários uns 24 séculos para compreender e pôr em prática.)

Aprofundar a analogia biológica. Exercício de mau gosto, talvez, mas o aristotélico não liga.

Quais são os princípios? Quente, seco, frio, úmido.

O fogo, a água, o ar, a terra. Cada elemento é o lugar natural de corpos compostos. Esses corpos vivos se distinguem uns dos outros por esses lugares, aos quais o seu organismo se adapta, por seus modos de reprodução, que acarretam outros efeitos como o comportamento, a vida em comum ou não, as aptidões para esta ou aquela atividade específica.

A imensa variedade dos climas e dos povos, de suas leis e costumes, produz regimes políticos diferentes, como a natureza, em sua diversidade generosa, produz espécies diferentes.

É porque, assim como não há regime universalmente desejável, também não há um só e único animal universalmente desejável, nem que seja aquele que se chama homem.[5]

O famoso asno indiano de chifre único e cascos reforçados é bem de acordo com o desejo da natureza, mesmo que nos pareça monstruoso ou extraordinário. Alguns terrenos — regiões, povos, costumes, situações — pedem talvez um asno indiano, um tirano?

Mesmo que essa idéia nos pareça insuportável agora, as coisas são assim. É preciso ousar. Aristóteles ousa.

A cidade-natureza

Os regimes têm seus lugares, estão "em casa" em um lugar próprio que os identifica, assim como servem para defini-lo.

Ora, a cidade faz o papel de natureza para essa categoria de vivos que se chamam "homens". É assim que se deve compreender, certamente, por que ela é, ao mesmo tempo, o que envolve — um limite — e um objetivo, um fim. A cidade é o fim que totaliza e une os elementos sociais, como o organismo totaliza e une os órgãos do corpo. Assim, uma analogia é necessária: o estudo das constituições remete às *Partes dos animais*. Depois, uma fisiologia — os princípios políticos, que fazem eco à *Geração dos animais*. Ou como cresce e decresce, vive e morre, está saudável ou doente, esse organismo que é a cidade.

Constituições: apoplética (sangüínea e quente) ou anêmica (úmida e fria), em decrepitude (perde a memória), biliosa (remói a amargura). Cabeça grande e pernas pequenas: ela cochila. Ossuda, tem apetite excessivo e digere mal. Sombria, torna impossível o laço amigável, *philia*, das partes entre si.

A cidade, como a natureza, menos constituída que constitutiva.

Como ela, administra estoques, permite o crescimento e a degeneração, chama para a vida, dá os meios para isso — e, concebida pela arte, completa o simples viver com o bem-viver.

Fora dela, não há vida para um homem "completo e acabado". De uma necessidade essencial, ela se impõe como começo e fim de toda atividade.

BEM-VIVER

O "bem-viver", *eu-zein*, distingue os humanos dos animais, para os quais importa apenas "viver". O bem-viver qualifica o homem como animal social, vivendo em sociedade, segundo as leis da cidade. A fórmula "animal político", significa animal "pertencente à cidade" e não "que faz política", no sentido atual da palavra.

A política, como exercício de um poder, ocupava Platão, que queria "fazê-la", isto é, refazê-la. É isso que também vemos agora no termo "política". Quem governa? Quem se sujeita? A quê? Enredar-se nas intrigas, decifrar as pesquisas de opinião, medir, pesar, optar, votar. Nem mesmo perguntamos mais "para quê"? Evidência cega do político e da sua esfera.

Não é o caso de Aristóteles. Ele está do lado do conhecimento, mais uma vez da descrição. Não dita nenhuma norma. Não diz "é preciso", mas "convém, talvez, nesse caso...".

O que interessa é articular essa arte particular — a organização das responsabilidades no coração da cidade — com as outras ciências. Maneira, para ele, de completar, por um invólucro suplementar, o retrato do animal humano. De suas diferentes espécies, ligadas às espécies de invólucros (lugares, mais uma vez) que o definem.

Como o homem é, de todos os animais, aquele que é superior, assim também, de todos os agrupamentos de indivíduos mais ou menos constituídos ao acaso — reunidos pela necessidade, por exemplo, ou pelos laços de sangue — a cidade é o melhor. Ela reúne, liga os indivíduos, por alguma coisa que é específica dos humanos, um traço que todos eles têm em comum, o desejo de viver bem, e não unicamente de viver.

E se a natureza é totalidade orgânica, que para cada ser vivo faz o melhor que pode, sem excesso nem falta (salvo erro), nada de menos e nada de mais, então a cidade deve imitá-la — todos os seres que a compõem devem ser levados em conta — conhece-se um órgão inútil, sem função? — todos devem ter um papel. Assim, de todos os regimes considerados, o que dá ao maior número um lugar na organização dos negócios públicos é aquele que mais se aproxima do que a natureza faz. Nesse sentido, a democracia é o mais natural dos regimes. Não porque seria mais moral ou mais justa, ou estabeleceria uma igualdade ilusória, mas porque é assim que *physis* trabalha.

Essa desenvoltura diante do que nos parece tão importante, diante dos valores que são içados ao pódio do mundo contemporâneo, essa desenvoltura me encanta. Ela põe as coisas em seus lugares: a justiça é simplesmente justeza. Harmonia entre a função e a finalidade. Simples funcionamento, pelo qual a cidade imita a natureza.

Mais uma vez *physis*, matizada pelo poético, a idéia de que o tamanho da cidade não afeta a sua justeza. Talvez até, como a tragédia, ela não deva ser excessivamente grande, para que não se a perca de vista; os grandes animais têm dificuldade em mover-se e não são mais belos nem mais bem feitos do que os pequenos.

O que pensar então das conquistas de Alexandre? Não que elas sejam excessivamente ambiciosas, nem que o animal seja grande demais, mas é preciso dedicar um cuidado especial à organização das suas partes, sob um princípio de conjunto, ligando-as com um laço estreito, independente dos sujeitos singulares — ao mesmo tempo razão de ser e seu objetivo confessado — não unicamente a vida, mas o convívio.

A cidade. Produção da arte, da arte que completa o homem, a mais completa das produções da natureza. Para conviver, palavra de ordem, e para viver bem, certamente é preciso utilizar a polidez, virtude específica ligada à *polis*. Na polidez, encontra-se a idéia de hierarquia, de regras de "saber-viver", um senso dos limites, a justeza do tom. No fundo, pouco importa o regime, desde que esse desejo de estar junto seja satisfeito. É isso, com certeza, que nos é difícil de compreender, fonte de uma provocação, de um espanto sempre novo. De um riso revigorante.

Certos comentaristas tentam provar que Aristóteles privilegia a democracia, a despeito de suas asserções referentes à escravidão — porque isso, para nós, concorda com uma ética que se tornou verdade sagrada — assim, eles pensam "reabilitar" a política na estima do público. E, esfregando as mãos depois desse louvável esforço, não percebem que não se trata absolutamente de um julgamento, de uma preferência moral, em nome da liberdade individual, da justiça igualitária, ou da fraternidade, mas simplesmente de uma constatação: há uma analogia entre as leis naturais e as leis que a arte segue.

A mesma constatação deveria, de qualquer forma, alertar os detratores de Aristóteles, aqueles que o acusam de ser "politicamente

POLIS

"Cidade" não traduz exatamente a importância da polis para a reflexão social e política, nem para a definição do homem na Antigüidade grega. Aristóteles é o filósofo que melhor falou da polis e que melhor acentuou o que a cidade representa: não só ela é o lugar concreto do exercício de uma atividade propriamente humana (o bem-viver), mas também ela é o "lugar próprio", isto é, o meio no qual se realiza de maneira perfeita o destino humano, limite último e imóvel no seu conceito, ela faz parte dos seres que envolve e se define, em contrapartida, pelo gênero de atividades que eles nela desenvolvem. Primeira por sua dignidade, ela pode ser chamada fundadora. Entretanto, é também última como finalidade última e fim visado.

Ver *Política*, livro I.

incorreto". Não se trata, para ele, de uma política "correta" ou não, mas de uma conivência da política com a natureza. É ela, pois, que deveria ser acusada de incorreção.

Não creio na vocação de Aristóteles para a carreira política. Penso que somos nós, agora, que mantemos essa ilusão. Deixemos de lado a carreira, mas e a ciência política? Apesar de tudo, os oito livros da *Política* são uma suma. Impossível ignorá-la. Ela marcou e continua a marcar toda a história das idéias políticas. Todo manual de ciência política começa com a sua exposição. Uma vez deixadas de lado a lógica, bem obsoleta, a moral, muito prudente, a metafísica, fora da moda, e a fisica, errônea, sem falar da biologia, pouco conhecida e recheada de absurdos, a única obra que sobreviveria ao desastre seria a política...

Só que o todo é composto de pedaços, articula-se mal. Onde situar o livro VII, que é o mais antigo e localiza-se entretanto na sétima posição, o que fazer com os livros IV, V e VI, que são descritivos e não mais teóricos? E principalmente como transformar em visão democrática — supostamente a única aceitável — o trecho sobre os escravos, como evitar confundir a moral e a justiça comum com uma estratégia de governo? Onde encontrar a descrição, inacabada embora prevista, das constituições? Um verdadeiro quebra-cabeça. Em cima do qual se quebram as cabeças.

É porque se considera a política como um campo autônomo, justamente porque se desprezam os outros textos, as outras disciplinas. Ora, a política é um fragmento, uma parte de um conjunto ao qual ela está ligada por seus princípios. A ciência política não é uma ciência que vale por si só. Ela só vale pela ligação que mantém com seus princípios constitutivos. Fundamentalmente, ela é aplicação do poético, ela própria é aplicação da física, que governa a vida animal. Situa-se sob a lei natural, que lhe atribui um lugar, a cidade. Tudo o que ela pode é gravar e classificar organizações de poderes, exatamente como a biologia descreve e classifica organismos vivos. Ela é artifício, *tekhné*, e, nesse sentido, está próxima da tragédia, da arquitetura ou da escultura. Como essas artes, ela completa a natureza de um animal chamado humano. E como acontece com as artes, é possível, ao mesmo tempo, detectar nela as suas leis e descrever os seus modos.

Inclusões. Desprezando os círculos de inclusões recíprocas, fica-se condenado a passar em revista os detalhes. "O sol a mais" só se levanta sobre o fragmento. E todo fragmento é totalidade, pois inclui os outros fragmentos.

Com esse último círculo, Aristóteles encerra o assunto Alexandre. Desempenhou o papel de natureza. Municiou o discípulo, abasteceu-o com os elementos vitais. Chegou o momento da separação. O resto não depende mais dele.

Teriam os dois lançado um olhar sobre as montanhas e os vales profundos, sobre o parque e os bancos de pedra? Partem. Alexandre para Pela, Aristóteles para Estagira.

Os criados selam os cavalos, embarcam-se os livros, fecha-se a bagagem. Acabaram as férias, a gente se escreve. Pronto. Uma despedida rápida, quase apressada.

A casa paterna

Estagira foi reconstruída. Filipe cumpriu a palavra. Aristóteles pôde voltar à sua casa, a do pai, com seus prados, seu vasto pátio, as construções que abrigaram as suas coleções de menino. Lembranças. O quarto que dá para o mar, o sol a leste de manhã. Vista para as costas da Ásia, com as quais ele sonhava outrora.

O patrimônio é importante. Até então, Aristóteles foi mantido primeiro por seu tutor, depois por seus anfitriões reais.

Aos 45 anos, tem que assumir a direção das coisas. Descobre que se tornou um fidalgo camponês, gerindo as suas propriedades. Tem meios para isso: ferramentas materiais — seus escravos — e instrumentos conceituais — uma teoria: as *Econômicas*.

Como fazer, de outro modo? Atenas, para onde gostaria de voltar, está em plena agitação nacionalista. Demóstenes prega a guerra contra Filipe, os ânimos se exaltam contra a Macedônia e os macedônios, ele seria vaiado. Além disso, não quer beijar a mão de Xenócrates, esse falso amigo, que depois da morte de Spêusipo se precipitou para tomar a frente da Academia. Tudo isso lhe repugna.

Não está na hora, é preciso saber esperar a ocasião favorável — ele é o primeiro a teorizar sobre a ocasião. Fazer o tempo trabalhar a seu favor, aproveitar o tempo. É a própria sabedoria, embora imposta pela necessidade.

Uma economia doméstica

Começar pela base. "Primeiro uma casa, depois uma mulher e uma besta de carga", diz Hesíodo, unindo saborosamente besta de carga e mulher vigilante.

A casa está ali. Os bois, os cavalos, as galinhas, os grãos, algum veículo, o trigo, o vinho, tudo está ali.

Falta a mulher. Aristóteles se lembra de Pítias, a jovem e bela irmã de Hérmias. Filipe a acolheu depois da queda do tirano. Ela mora em Pela. É a mulher de que precisa, uma espécie de ponte entre a infância e a idade madura, entre seu exílio em Assos e sua estada em Miesa. Ela faz a ligação, ela é o laço. Ele a desposa, leva-a para a casa paterna, lugar da geração.

Como está Aristóteles agora? É difícil achá-lo sedutor. É atarracado, tem as pernas finas, os cabelos escasseiam no alto do crânio, os olhos, pequenos, enterrados nas órbitas. De que cor? Cinza bem pálido, ou cinza-verde; a gente do Norte, diz ele, tem quase sempre os olhos mais claros, a do Sul mais escuros. Fala de si próprio quando descreve as diferentes composições dos olhos:

> Os que têm os olhos escuros e fundos vêem os objetos afastados, porque o movimento não se dispersa no sentido

> da largura, mas se projeta para a frente. Mas os que vêem assim como que através de uma tela ou um tubo não distinguem bem as cores.
>
> *Geração dos animais*, V, 1.

Também dizia que os olhos são constituídos de água; ora, os olhos claros têm pouca água, e os olhos negros são muito úmidos. Nos dois casos, a visão é diferente.

> A melhor visão é aquela que está no meio entre uma falta e um excesso de umidade.
>
> *Geração dos animais*, V, 1.

Ainda usa seus anéis, suas correntes? No campo, não é muito adequado, mas talvez ele apenas supervisione o trabalho. Deve ter "prepostos", como diz J.Tricot na sua tradução das *Econômicas*. Volta à terra. Veste-se talvez mais simplesmente, modelo neo-rústico? Não se sabe.

Em Estagira, ele é um notável, considerado como tal por seus compatriotas que vêm consultá-lo sobre seus negócios. Só para desmentir o provérbio, é muito possível que o santo de casa faça milagres.

A cidade ainda não está inteiramente reconstruída. Os trabalhos se arrastam, e Aristóteles tem que lembrar continuamente a Filipe a promessa feita. E como ela precisa de um regulamento, pois de certa forma é uma cidade nova, dizem que Aristóteles lhe dá leis.

Aristóteles arquiteto

Como deve ser a casa? Arejada, exposta ao norte, mais longa do que larga, e assim como um corpo, deve ter partes e órgãos.

> Uma construção para estocar os frutos secos, uma para os frutos frescos, outras para as roupas, outras ainda para as pessoas, os escravos e os convidados.
>
> *Econômicas*, I, 6.

Cada coisa em seu lugar e um lugar para cada coisa. Essa é a palavra de ordem, que não é diferente daquela que governa a biologia e a física. A questão do lugar, do invólucro-limite é a questão chave da arquitetura. Constrói-se segundo os ocupantes, segundo a diversidade de suas ocupações. O invólucro se modula a partir do corpo que ele envolve. Sem excesso, e sem que nada falte.

> Ao fundar uma casa, é preciso levar em conta as propriedades que dependem dela, assim como a saúde e o bem-estar dos seus habitantes.
>
> *Econômicas*, I, 6.

Assim deve ser a casa.

Certamente, rejeita o quadriculado de Hipódamo de Mileto — aquele, lembram-se, que usava manto de lã tanto no inverno quanto no verão — geometria rígida imposta de cima para baixo, que fecha, separa, esquematiza as relações entre os lugares, e trata pessoas e coisas como objetos abstratos, desde que o plano seja agradável à vista.

Aristóteles desconfia sempre do espetáculo. Nem a cidade nem a casa são cenográficas; a harmonia não reside nas linhas, mas na conveniência íntima do exterior e do interior.

Funcional, a sua arquitetura? Sim, certamente, mas com a condição de que se entenda a função como uma finalidade.

Cidade e casa, nesse sentido, são a mesma coisa. Muito exatamente, elas têm a mesma natureza. São lugar de uma comunidade, reduzida à família ou ampliada até a sociedade. Visto da cidade, o horizonte se compõe de casas singulares, e, visando o bem-estar de todos, visa também o de cada um. Vista da casa, a cidade é o horizonte comum. Não a adição de lugares particulares, mas o lugar que liga e torna possível até a menor das comunidades.

Não há lugar isolado — todo lugar é reunião, ligação. E se devem existir portas e porteiros, não é para fechar os acessos, mas para "... observar o que se traz e o que se leva". A porta é poro, respiração.

A ilha tinha portos, portas oportunas que o albatroz sobrevoa com asas estendidas.

Aristóteles ecônomo

Se a casa não é nada, apenas uma concha vazia, sem a atividade para a qual foi construída, então é para a administração dessa atividade que tende a economia.

As estações e os dias, os trabalhos ritmados. Cada um em seu lugar (sempre esse *Leitmotiv*), pessoas e coisas. Assim como se acha mais facilmente uma ferramenta quando ela está guardada em seu lugar, assim também as pessoas devem estar em seus lugares. O patrão como patrão, os criados como criados. Nada de concessões, senão é a desordem. A casa é como um organismo, submetida à ordem natural. Está na ordem da natureza que os órgãos sejam diversificados e ajam cada um segundo a sua capacidade. Porém não mais do que é necessário.

Grande movimento de relojoaria. Máquina, engrenagens. Não há repouso — durante a noite, o dono se levanta para vigiar o mecanismo.

> Levantar-se durante a noite é um hábito igualmente útil para a saúde, para o bom andamento da casa e para o estudo da sabedoria.
>
> *Econômicas*, I, 6.

Nas noites frias de Estagira, o que fazia ele? Ele, que via melhor de longe, contemplava o céu, caminhava no perfume das terras, sentava-se num banco de pedra, envolvido num manto de lã. De madrugada, o orvalho se transformará em gelo. Pensar — sonhar. Recolher os frutos do dia. Reuni-los.

A economia consiste em estocar, e também os pensamentos. A noite é talvez a construção, sem paredes, propícia para essa obra. O que se recebeu, o que se gastou? Um princípio: a receita deve ser superior à despesa.

A casa-organismo deve produzir lucros. Isto é, gerar movimento, produzir.

Deixar as coisas como estão não convém, crescer é uma palavra de ordem. Na casa paterna, onde nasceu, ele deve, por sua vez, tornar-se genitor.

A casa, as propriedades, os escravos, a cidade e as leis, tudo está no lugar. Falta a mulher.

Aristóteles genitor

O horizonte é a geração. Não o indivíduo e o seu conforto, mas a espécie. Como a família se nega no círculo superior, a cidade, o homem se nega no seu devir, a criança. Senão, ele definha e morre.

> Pelo ciclo das gerações, a natureza chega a realizar a perpetuidade da existência que ela é incapaz de assegurar ao indivíduo e que ela pode apenas assegurar à espécie.
>
> *Econômicas*, I, 3.

Mas que ninguém se iluda, a imortalidade existe, mas é natural; nada a ver com um princípio supramundano. É um princípio de economia assegurado pela natureza, basta deixá-la agir. Aliás, ele nos é proveitoso,

> pois todo o trabalho que temos para educar filhos ainda desprovidos de vigor, nós o recuperamos através deles, quando por sua vez eles se tornam fortes.
>
> *Econômicas*, I, 3.

Aristóteles, à noite, pensa no esperma. Na mulher. Na cópula e na fecundação. Até faz experiências — como poderia saber, por exemplo, que o esperma não se congela, se não o tivesse depositado, durante a noite, no banco de pedra diante da casa? De manhã, não se congelara, continuava líquido.

> O esperma não se solidifica quando é exposto ao ar livre, em tempo de geada.
>
> *Geração dos animais*, II, 2.

Logo, não é água. A composição é outra. (De fato, dirá ele, é um composto de terra e água, uma espuma.) E, aproveitando a ocasião, corrige Heródoto: não, o esperma dos negros não é negro; e o do elefante não produz, ao endurecer, uma matéria chamada âmbar, como afirma Ctésias de Cnido. Observações feitas na natureza: pode-se imaginar um escravo negro que se teria prestado à experiência. Quanto aos elefantes, ele os vira em Pela.

A mulher, politicamente incorreta

É de bom tom indignar-se: o tratamento que Aristóteles inflige à mulher, que horror!

Não só ela tem como única função a reprodução, mas ainda, fraca, sem energia motora, é apenas uma virtualidade, esperando o bel prazer do macho para tratar de fazer a sua tarefa. Fogo, ela não tem o bastante para cozinhar corretamente os seus alimentos, de modo que o excesso não digerido se escoa em mênstruos todos os meses. *Catamenia*. Excedente. Seu aparelho genital, escondido no baixo-ventre — é assim mesmo, ele não tem nada de glorioso — é comparado a um vaso invertido, de bordas úmidas, e, como ele, opera uma sucção sobre todo objeto que entra em contato com ele — no caso, o esperma.

> É o mesmo caso dos vasos sujos, que aspiram a água quando são voltados com a abertura para baixo.
>
> *Geração dos animais*, II, 4.

Essa atividade puramente mecânica faz da fêmea uma matéria, um simples recipiente, enquanto o papel ativo, o de uma alma, é atribuído ao macho. Disposição que não exclui em nenhum caso o prazer, para cada um dos parceiros, mas que para um deles, o macho, se acompanha de uma emissão de esperma, e para o outro, a fêmea, de uma simples contração do útero.

Outra comparação vem acrescentar-se a esse crime de lesa-feminilidade:

> Tudo acontece, diz ele, entre a semente viril e a secreção fêmea, como entre o coalho e o leite que ele coagula, e, efetivamente, leite e mênstruos são da mesma natureza — resíduos de comida.
>
> *Geração dos animais*, II, 4.

Passividade, umidade fria, escoamentos sanguinolentos ou esbranquiçados, inércia e atonia. O retrato, é bem verdade, não é favorável — se for tomado como retrato de caráter.

Atualmente, somos ávidos por individualidades, somos inclinados a submeter imediatamente à análise um alvo individualizado, personalizado, determinado em seu comportamento, socializado também em suas relações com outrem. Trata-se então de poderes, de influência, de história, lugar e papel da mulher no tecido dos acontecimentos, por exemplo. Tomamos a descrição por um retrato — um retrato é sempre o de uma pessoa, supomos que ele vise a semelhança — simples suposição, já que não podemos comparar o retrato com o retratado...

A descrição de Aristóteles visa um processo natural em geral, um comportamento, não da mulher como indivíduo, mas da natureza como potência de vida. Como faz ela para que as suas criaturas, por sua vez, engendrem criaturas? O objeto da descrição é um objeto, não um sujeito. Nem a mulher nem o homem são tomados aqui como sujeitos.

Se renunciarmos, por pouco que seja, ao ponto de vista mesquinho e individual que é tão forte em nós, será, ao contrário, a paixão de Aristóteles pela parte fêmea do casal gerador que nos impressionará imediatamente. Grande mistério da fecundação, quase sagrado. Continente desconhecido, o útero, fenômeno estranho da superfetação, maravilha da gestação. Muito mais do que o homem, cujo aparelho é exibido, exterior, cai sob os sentidos da vista e do tato, a aparelhagem complexa, íntima, escondida da mulher atrai o interesse apaixonado do biólogo.

A geração. Sem ela, não há espécie; logo não há indivíduos. É de geração que se trata, e a mulher é o meio pelo qual ela se exerce, se amplifica, chega ao seu termo, completa-se.

Maravilha das maravilhas! Aristóteles não consegue afastar-se da questão, gira em torno dela, começa e recomeça, propõe explicações, acumula as observações.

A nutrição, o desenvolvimento do embrião, que partes são formadas em primeiro lugar, quais as que são formadas por último, a duração da gestação, a questão do sexo da criança.

O embrião vive, tem uma alma em potência. Acontece com ele como com todas as sementes postas na terra: elas contêm o princípio do ser completo. Mas como ele não é ainda perfeito, recebe a sua alimentação do útero que o carrega, como a planta se nutre da terra. Sua raiz? O cordão umbilical.

Há em todos os textos de Aristóteles que se referem à geração um tom de profunda admiração, de encantamento. E para Aristóteles o encantamento suscita uma avalanche de perguntas, que ele tenta responder, nem sempre conseguindo, deixando então a porta aberta para futuras observações. Nada de arrogância, ao contrário, uma modéstia diante da importância da questão, uma distância como que amorosa, respeitosa.

Esse texto pode ser lido como um canto de amor dedicado à potência da mulher, ou a essa potência que se expressa através dela, e cujo enigma só ela detém. Mulher, solo, terra, natureza.

Pouco importam então o frio, a passividade, a fraqueza: o que a torna assim é justamente o princípio da sua força. Do mesmo modo, é a imperfeição do embrião que é o princípio do seu acabamento.

O escravo

Dizem ainda que são politicamente incorretas as declarações a respeito dos escravos. Então, põem no mesmo saco duas categorias, mulher e escravo, misturando-as e, passando da condição de escravo para a condição fêmea, acusam Aristóteles de todos os pecados do mundo.

Mas, quanto aos escravos, trata-se de uma simples constatação, de um "fato de sociedade", como se diz. Apenas isso. A fase de observação — existem escravos — não acarreta nem desejo de justificação, nem tentativa de aprofundar o status desses seres, aliás extremamente úteis. Uma leitura um pouco sensível mostra bem que a questão não interessa a Aristóteles, que ele não apresenta nenhum princípio explicativo. Em suma, a natureza não se preocupa em saber o que as criaturas que ela gerou como seres vivos fazem umas com as outras. Ela cuida da geração, não da exploração, posterior, das riquezas que ela pôs à disposição. O escravo é um dado, um produto da arte política, um artefato. E como todo artifício, é justificável ou criticável, segundo o fim proposto.

Para encerrar essa questão do "politicamente incorreto", o hino de Aristóteles é dedicado à composição dos seres vivos, feitos de matéria, modelados pela natureza. E nesse concerto dos vivos, a mulher tem um lugar-matriz. Ela é o ponto nodal, o foco, o lugar por excelência, onde está em casa, em sua casa, o filhote do homem. Pois o lugar é "como" um vaso, receptáculo que, na Antigüidade, é sempre invocado para indicar o lugar.

O útero, uma ânfora; a matriz, o porão do alquimista onde se transforma o embrião. Ateliê do pintor, também, onde a natureza trabalha para produzir um ser semelhante aos seus genitores.

Seria igualmente absurdo, porque o corpo obeso, de nádegas e seios abundantes, das mulheres de Rembrandt não está na moda de hoje, concluir que ele também é politicamente incorreto... em lugar de ver nessa exuberância um hino à matéria, à sua riqueza, à sua variedade, e, finalmente, ao seu mistério.

A mulher, hino a Gaia, terra fecundante, ou ao mar, transparente mas sem fundo, onde nasceram os primeiros vivos. Como Afrodite, saindo nua e sem artifícios, diretamente das profundezas marinhas sobre a sua onda de espuma, é a mãe do esperma, da geração e do prazer, a mulher úmida, fria, é esse oceano de amargura que embala a espécie humana.

NOTAS

1. *Física*, II, 2.
2. Eurípides, *As Bacantes*, versos 370-431 e 519-575.
3. *Poética*, 24.
4. *Parva Naturalia*, "De memoria et reminiscentia".
5. Ver a análise de Francis Wolff: *Aristote et la politique*, PUF, coleção "Philosophies", 1993.

Atenas 2

Onde se vê o que faz Aristóteles,
aos 47 anos, em Atenas.

A escola

O retrato está neste ponto. O fundo já está no lugar, as paisagens já foram desenhadas, a arquitetura geral está terminada. O centro, ainda vazio, o que se chama "reserva" — um espaço branco — está pronto para receber a cor, a pincelada que vai fechar o conjunto, acabá-lo. O centro é também o meio da sua idade, como se diz "estar na força da idade". Quarenta e sete anos.

A força da idade, a maturidade. O tempo das realizações.

Em suma, retomar as peças do quebra-cabeça mais uma vez, uni-las e exteriorizá-las, torná-las públicas.

Questão de oportunidade

Casado, viúvo de sua primeira mulher, Pítias, com a qual teve uma filha, Pítias, desposa em segundas núpcias Herpilis, que lhe dá um filho, Nicômaco. Reata assim com a tradição: Herpilis é de Estagira; o nome do pai de Aristóteles, Nicômaco, é dado ao filho.

Atenas continua a exercer o mesmo fascínio. Ali está ela, a cidade do pensamento, no centro dos seus projetos. Pode-se ser filósofo fora de Atenas? Aos 47 anos, terminadas as paixões de independência, faz-se um balanço: as dívidas de um lado, e do outro, os pagamentos. A Atenas ele deve tudo, inclusive a humilhação e a dor. Como uma madrasta, seja como for, ela o alimentou, depois o rejeitou, mas, definitivamente, não tem outra mãe a não ser essa cidade ingrata, um tanto perversa, rica de contradições, de injustiça, e também de pensadores e de artistas.

Estagira é seu lugar de nascimento, algo como "seu lugar próprio", sua casa. Ele não se esqueceu disso, pagou sua dívida com a Macedônia. E em particular com Estagira, que fez reconstruir e à qual deu leis.

Voltar a Atenas. Estou aqui, passei nas provas. Fiz minha volta ao mundo — o meu mundo. Estou pronto a assumir o meu lugar, o lugar que tu me deves.

As relações entre a Macedônia e Atenas evoluíram para a paz — uma paz duvidosa, certamente precária, mas que permite viver. Alexandre realiza o sonho heróico dos cidadãos, e, através dele, cumpre-se a lenda de uma dominação helênica do mundo. Esquecem-se as desavenças. O ouro, o poder, e principalmente a glória, o renome triunfam sobre as antipatias. Os atenienses gostam do que brilha e veneram os vencedores.

Já é tempo. Questão de oportunidade, de ocasião, justamente.

Voltar a Atenas. Mas como? Na Academia, reina Xenócrates, que se inclina para o misticismo. Não tem nada a dizer nem a fazer, exceto manter a auréola acima da cabeça de Platão. (Verticalidade tensa e luminosa, que terá seu contraponto na queda noturna em um tonel, pois foi assim que Xenócrates morreu.) Nada de submissão, nem de deixá-lo dono do terreno. "É vergonhoso calar-se e deixar Xenócrates falar", dirá ele.

É preciso instalar-se em outro lugar, o mais longe possível da Academia. Logo depois das muralhas, a sudeste da cidade, sob o monte Licabeto, há um estádio livre. Está sob a égide de Apolo Lício, o caçador de lobos. Aristóteles o compra e o reforma. Será o Liceu, cercado de peristilos e aléias, *peripatos*, uma espécie de colunata coberta, onde, segundo o seu hábito, Aristóteles caminha acompanhado dos seus discípulos.

Os subsídios não faltam, primeiro os seus fundos próprios — a estada em Estagira fez com que frutificassem as terras já ricas — depois os de Alexandre, que financia amplamente o projeto de instalação, a biblioteca, as coleções. É Antípatro — um velho amigo de Aristóteles — que governa durante a ausência de Alexandre. Está encarregado de gerir os negócios de Atenas, inclusive a cultura.

Quadros

A Escola de Atenas. Rafael instala sob um vasto peristilo todos os filósofos com que conta a Grécia, ampliada até as costas da Macedônia, da Trácia, da Ásia Menor, sem preocupação com a cronologia.

No centro, como que saindo de um arco de luz azulada, Platão, já velho e de barba, e Aristóteles, mais jovem, bem elegante, avançam lado a lado, cada um cercado de seus discípulos. Esquerda, direita. O mau-caráter Spêusipo e Xenócrates ao lado de Platão, Teofrasto e dois estóicos, Zenão e Cleanto ao lado de Aristóteles. Dispersos pelos degraus e sob as arcadas, Diógenes, Euclides, Ptolomeu, Pitágoras, Xenofonte, Demócrito, Heráclito etc.

Uma Escola, ou antes duas, como são dois os personagens centrais. Um, Platão, mostra o céu com um gesto que se reencontra em Leonardo da Vinci — a mão levantada para a pregação, designando o referente do discurso, o invisível mundo das idéias — o outro, Aristóteles, mostra o livro e a terra. O seu lugar.

Giorgione apresenta três filósofos sob uma árvore. Dois estão de pé e o terceiro, sentado, voltado para a esquerda do quadro, devaneia. De pé, cabeça coberta por um turbante, de frente para o espectador está, como se diz, Aristóteles visto pelo averroísmo, ou como a personificação de um aristotelismo transmitido pelos árabes; o outro, mais clássico com uma barba à moda antiga, seria o aristotelismo tradicional, e enfim o terceiro, sonhador, a promessa de uma renovação.

E o que tem a ver Aristóteles com tudo isso? Tem a ver com o ponto de fuga, vazio, do quadro. Como um eixo invisível — por exemplo, entre a árvore central e as colinas, no horizonte da paisagem, ou ainda na profundidade da vegetação, que o jovem filósofo sentado parece contemplar poeticamente.

Ausente, desaparecido, o filósofo. E sua obra, a filosofia, só existe por seu reflexo sobre o rosto dos seus adeptos. A escola produziu seus filhos, e é isso que importa. Pelo menos, é o que Aristóteles pensa, quando se estabelece no Liceu.

O pensamento é compartilhado — comum a um grupo — ou então não existe. A sua força vem apenas da comunidade. Isolado, não vale grande coisa. Nos antípodas do romantismo, a Escola constrói um universo científico e deixa entender que a verdade depende de um consenso, o dos membros dessa comunidade. A verdade se define como o discurso enunciado pelos sábios e estes se definem pela verdade que enunciam.

Essa tautologia, que pode parecer cômica (ela sempre me faz rir) não é vazia, diz fortemente alguma coisa: não há verdade sem uma comunidade que a sustente, não há pensamento filosófico sem escola, isto é, sem discípulos, comentaristas, divulgadores, seguidores de todo tipo, ou, se preferirmos, sem amigos.

Certamente, a escola educa os jovens, ou pelo menos alguns deles, mas principalmente ela gera essa comunidade. A geração não se detém no esperma e no parto dos seres vivos; a arte de pensar completa o processo natural, por um processo do mesmo tipo. Privado de geração, o filósofo definha, torna-se hipocondríaco. Até Diógenes, que se fazia de incompreendido, tinha a sua escola, e Heráclito, o obscuro, era ouvido como um oráculo.

Assim, convém ser professor. E o professor se julga pelo seu público, que se torna a garantia da verdade professada.

Quando esse público aumenta, a verdade se torna universal. Axioma que parece cínico, mas cuja validade pode ser testada no mundo dito científico. O reconhecimento é uma parte da validade do enunciado. Talvez a parte mais importante, o que Aristóteles teria percebido com sua ironia habitual.

O professor

A profissão de professor é tão desprestigiada — tornou-se um ofício — com seus horários, sindicatos, adicionais, salários, planos de carreira, cargos e classes, que é difícil ver a filosofia através desse filtro. "Ele não é filósofo, é só um professor de filosofia." Mas se, por acaso, um ensaísta começa a produzir alguma idéia interessante: "Sim, mas ele não é um verdadeiro filósofo (não tem doutorado, não está na universidade)."

Nietzsche, nas *Considerações inatuais*, denuncia o sistema, vitupera a universidade, odeia a burocratização do saber, o próprio saber: "Como é possível obrigar os jovens a fazer um exame de filosofia? Sacrificar a educação à profissão? Chega de universidades. Chega de universidade à moda dos eruditos. Chega de história da filosofia. Não para escrever livros..."[1]

Entretanto, e o próprio Nietzsche confessa, Schopenhauer, tão só, tão verídico, Schopenhauer, o verdadeiro educador, tem desesperadamente necessidade de um público, de leitores: "sou lido, serei lido." E as últimas palavras, na hora da morte: "O crepúsculo da minha vida é a aurora da minha glória." Confissão cruel.

A sobrevivência da filosofia é uma questão de transmissão. É preciso que se mantenham juntos estes dois princípios contrários — a solidão que assina a verdade, a publicação que lhe dá o seu campo.

Oscilação, difícil equilíbrio. Apagar-se, ocupar o palco. "A infeliz idéia de Academia", foi uma expressão de Nietzsche para os gregos, mas certamente ela soava de modo diferente para eles. Como meio, não como fim. Como particularidade — afinal é apenas um nome de lugar, um local — não como universal. Ela ainda não tinha gerado a série de academismos a torto e a direito. E aliás o Liceu não produziu nenhum "ismo", nenhuma instituição universal e futilmente gloriosa.

Para Aristóteles, de qualquer forma, a Escola é necessária, recomenda-se simplesmente pela natureza das coisas. Ele já assumira o seu recolhimento por tempo suficiente. Cada coisa a seu tempo.

A concepção da filosofia como círculos concêntricos envolvendo-se uns aos outros permite reservar uma parte para o recolhimento. Para um tipo de diálogo apaixonado consigo mesmo, para o qual são convidados alguns discípulos próximos, círculo íntimo, núcleo dos outros círculos que se desenvolvem ao redor. A palavra, os textos, ondas a partir do ponto em que a pedra cai na água, se alargam até as margens mais distantes.

Círculos

O Liceu, construído a partir do modelo do círculo, como a cidade, como a linguagem, como o conhecimento, como os grupos de amigos, como as órbitas do céu, como os livros de Aristóteles. Pensar todos esses "lugares" como invólucros. E pensá-los todos juntos.

No Liceu, como ele já esboçara durante sua estada em Miesa com Alexandre — mas aqui se trata de uma população de estudantes e não mais de um só — Aristóteles reconstrói o seu quebra-cabeça, ajusta os pedaços, retoma-os, completa-os. Tudo está ali, deve-se estabelecer as ligações. Não escrever um livro depois de outro, mas acabá-los todos juntos. Com o mesmo movimento.

Sem dúvida, dominados pela visão cronológica que é a nossa, desejaríamos poder datar expressamente tal parte da obra — a *Geração dos animais* depois das *Partes*, a *Política* antes da *Ética*, ou o contrário. Discussões. Afirmações. Contestações. Inutilidade desse alinhamento.

Haveria, antes, um tempo para a costura, para os acabamentos. Ou ainda, um canteiro em que o mestre-de-obras controla todas as partes da construção que se está realizando. Ele retoca, suprime, acrescenta. Ou ainda, para que a natureza, a vida, complete o organismo. Por que não pensar, como Aristóteles, que a obra de um escritor, de um pintor é semelhante em seu processo ao desenvolvimento do embrião no útero?

Utilizar o modelo do pintor para mostrar como o esboço de conjunto precede o acabamento das partes:

> A partir do coração, estendem-se os vasos, comparáveis aos esboços que os pintores traçam nas paredes: de fato, os órgãos estão situados em torno deles, porque é deles que eles se formam. [...] É necessário que exista, em primeiro lugar, uma parte em que resida o princípio do movimento, que venham depois o todo e o fim, e em terceiro e último lugar, os órgãos que servem de instrumento para certos usos. [...] A parte que vem em primeiro lugar é a que contém o princípio (o coração), e o que vem depois é o alto do corpo; assim a região da cabeça e olhos aparece como a mais desenvolvida desde o início do embrião, enquanto as partes abaixo do umbigo, por exemplo as pernas, são pequenas. É que o baixo existe em vista do alto, e que ele não é uma parte da finalidade, nem é capaz de produzi-la. [Entretanto, as coisas se complicam, pois] é difícil distinguir entre as partes motoras e as partes orgânicas; mas é segundo esse método que se deve pesquisar que parte se forma antes da outra.
>
> *Geração dos animais*, II, 6.

Um esboço na parede, o princípio do movimento, depois partes que se desenvolvem umas após as outras, ou umas mais lentamente do que as outras, é a única lógica que leva a analisar a sucessão provável. O melhor é pensar o desenvolvimento como uma máquina em vista do fim: o corpo completo.

Assim, a arte do pintor e a da natureza se imitam reciprocamente.

Aconteceria o mesmo com a obra do filósofo. Deve haver um princípio motor, depois uma cabeça, depois membros segundo a lógica das funções, mas o todo se fabrica ao mesmo tempo, já que o todo que conduz o trabalho está presente em todos os momentos.

Na parede, vários esboços pendurados. O pintor trabalha ora um ora outro. Alguns ficam inacabados, à espera. Outros continuam seu caminho. Algumas vezes, percebe-se que uma tela inacabada, deixada ali, toma o seu sentido quando as outras foram terminadas. De repente, o que se acreditava inacabado começa a existir independentemente, como um todo.

Ou ainda o artigo é acabado antes do livro, que no entanto é anterior ao artigo, pois ele é simultaneamente o seu princípio e o seu fim. Pode-se imaginar Aristóteles escrevendo as *Parva naturalia*, que são pequenos tratados, ao mesmo tempo em que trabalha no *Da alma*, o que não o impede absolutamente de continuar suas pesquisas sobre a história das cidades e de suas constituições.

A biblioteca, a enciclopédia

O trabalho infinito da biblioteca não se faz em uma ordem concebida antecipadamente, a partir de um plano unidimensional. O tempo, portador de ocasiões, introduz a desordem onde tudo deveria estar arrumado. Mas essa própria desordem é uma ordem. A Ordem. Pelo menos, é o que pensa Borges, e Aristóteles também.

"...a Biblioteca é ilimitada e periódica. Se houvesse um viajante eterno para atravessá-la em um sentido qualquer, os séculos acabariam por lhe ensinar que os mesmos volumes se repetem sempre na mesma desordem — que, repetida, se tornaria uma ordem: a Ordem. Minha solidão se consola com essa elegante esperança..."[2]

Inútil preocupar-se com cronologia, os livros se lêem todos juntos, começando por qualquer trecho. As repetições: proposições que se encontram em um círculo, depois em outro, como estrelas que o mapa do céu aponta e fixa sobre órbitas. Dicionário com índices cruzados, enciclopédia — rodeando os muitos saberes. Idas e voltas.

O dicionário não tem autor, está escrito na terceira pessoa, é impessoal. Não há centro, o centro está em todo lugar. Procuram Aristóteles? Ele se confunde com o dicionário, com a biblioteca. Ele é biblioteca.

Passeios matinais, passeios vespertinos

Nesse desaparecimento da pessoa, do indivíduo — Aristóteles, em sua discrição, ou no seu jogo de remissões, uma singularidade tal que, definitivamente, esse único traço serve para identificá-lo como pessoa — uma simples, minúscula particularidade: o passeio ao longo do *peripatos*; daí o nome de peripatéticos aplicado aos que passeiam com ele, os seus discípulos, os aristotélicos. O "curso" se faz caminhando. Passeio aperitivo de manhã, passeio digestivo à tarde. Ambos ligados à digestão, essa função tão importante para Aristóteles, pois é ela que distingue o cru e o cozido. O calor e o frio. O macho e a fêmea.

No ser vivo, os alimentos são cozidos no fogo natural da sua natureza. Andar ativa a cocção, ativa a bile, ativa o sangue e o calor. E o pensamento, produção de outro tipo, responde também às leis da digestão. Ele é também cocção, digestão, passagem pelos filtros que são os conceitos, alimento para a alma.

De manhã cedo, com o corpo ainda repousado pelo sono reparador, o passeio desperta as idéias, esclarece-as, amplifica-as. Pensamentos da manhã, despertar do intelecto. Ginástica das idéias. O que é dito então se destina a um público escolhido, os discípulos mais próximos, os que podem seguir o labirinto de pensamentos em formação, o aparecimento das primeiras luzes que ainda não encontraram fórmulas para modelá-los. Pensamento lábil, em movimento. Caminhando, a palavra delineia os pensamentos, transporta-os para a luz do dia.

Depois do calor do meio-dia, na calma da tarde, a paz. O passeio reúne jovens menos sábios, mais interessados na condução dos negócios, nas astúcias da retórica, em uma sabedoria prática, ou na política da cidade. São os cursos "acroamáticos", exotéricos. Surgem as perguntas: "Mestre, se eu tiver que defender uma causa de que não tenho todos os elementos?" "O que se deve pensar da constituição de Esparta?" Discute-se.

É o passeio, pois, que também é preciso descrever pacientemente, segundo o seu hábito. Dobram-se os membros, equilibra-se o peso, dá-se um impulso para a frente, com os braços ajudando o equilíbrio, as articulações, pontos fixos. Uma lei regula os deslocamentos: o peso, a base em seu lugar próprio, o que comanda a repartição dos membros, seu tamanho, sua forma.

Alto, baixo, à frente, atrás, esquerda, direita

> Todos os seres que, não só vivem, mas também são animais, possuem o dianteiro e o traseiro. O dianteiro é a parte em que se produzem naturalmente as sensações e de onde elas

> são percebidas; a parte oposta é o traseiro. Além disso, para os animais que têm órgãos de locomoção — asas ou pés — há uma diferença entre esquerda e direita. O princípio do movimento se encontra à direita e o outro lado o segue.
>
> *Sobre o caminhar dos animais*, 4.

Assim, os fardos são carregados com a mão esquerda para deixar a direita livre para se mover, e também se salta num pé só do lado esquerdo.

(Imagine-se Aristóteles saltando num pé só... Mas é que estamos sobrecarregados de seriedade filosófica.)

Do mesmo modo, o boxe: o lutador se defende com o lado direito que se move, enquanto o esquerdo fica imóvel para dar um ponto de apoio.

Quanto ao alto e ao baixo, os bípedes têm naturalmente o corpo orientado de baixo para cima, a cabeça, parte mais nobre, voltada para o alto, os pés em afinidade com o solo (*podes*, o pé, e *pedon*, o solo). Assim, de todos os bípedes o homem é o mais naturalmente orientado. É o único, com efeito, que se mantém perfeitamente ereto, com seus pontos de apoio no solo e a cabeça alta. Pontos de apoio em número par: dois no solo, dois — os braços — no ar.

> Na marcha, durante os deslocamentos efetuados pelos pés, é necessário que um deles fique imóvel enquanto o outro se move; o peso do corpo balança de um para o outro, seguindo o movimento... é por isso que, com três pés, é impossível andar.
>
> *Sobre o caminhar dos animais*, 4.

Nunca de modo oblíquo, nem retorcido como o pobre linguado, que "nada como os caolhos andam" pois seus dois olhos estão do mesmo lado, o homem anda naturalmente para a frente e não como o caranguejo, para o lado. Não há órgão em demasia — as asas, por exemplo, não teriam para ele nenhuma utilidade — nem há órgão de menos, como as serpentes, às quais faltam os pés e que se movem coleando. Mas a sua postura ereta não é rígida, pois as articulações o tornam flexível.

As plantas têm uma orientação inversa, sua boca-raiz está mergulhada na terra, de onde tira o alimento, e seus membros, hastes e folhas, se expandem no ar. Situação desconfortável, que as impede naturalmente de andar, e as torna pouco sensíveis e logo desprovidas de alma.

Aristóteles anda. Com um ritmo de passeio. Não se pode imaginá-lo galopando, nem mesmo trotando. Um passo de senador? Talvez. Um passo medido, com algumas pausas. Repouso, movimento. Com uma das mãos, segura as pregas da toga na altura do estômago, com a outra pontua o seu discurso, o braço estendido para a frente. Agita a mão, traça figuras no ar, mostra com o dedo apontado, demonstra com a palma aberta, precisa com o polegar tocando o indicador. Talvez seja a mão direita que se projete para a frente, enquanto a esquerda, atrás, serve de centro de gravidade. Não se mantém rígido, pois a flexão é indispensável. O braço e as pernas desenham o côncavo e o convexo:

> o cotovelo tem uma flexão côncava e o punho uma flexão convexa, mas o ombro, por sua vez, tem uma flexão côncava.
> *Sobre o caminhar dos animais*, 4

Quanto às pernas, elas retomam esse jogo, mas ao contrário. Nesse jogo de curvas, flexões e reerguimentos, a marcha desenha uma linha sinuosa,

> devido ao fato de que a linha traçada pelo membro fletido é mais baixa, enquanto a do membro que fica imóvel e levanta o corpo está mais alta.
> *Sobre o caminhar dos animais*, 4.

Ondulando, talvez atropelando-se, andando de acordo com comprimentos de pernas desiguais, o pequeno grupo avança ao longo do caminho. Dispersa-se, reagrupa-se, volta para o ponto de partida. A marcha se inflete sobre si mesma, como que em um espelho. Os andarilhos tomam notas? Seria difícil; contam com a memória, que esse exercício desenvolve. Certamente, voltando para as salas de aula ou para casa, à noite, transcrevem os ensinamentos do mestre. Esse tom impessoal de notas de aula que caracteriza muitas vezes os textos aristotélicos. O espelho da reflexão, à distância do acontecimento que ele registra. É que a inscrição não é automática, tem necessidade de um centro do qual parte o movimento da escrita, assim como a marcha exige um centro imóvel de onde vem a dinâmica da marcha. A alma é solicitada.

O motor imóvel e o mundo

A alma, realmente. Pois ela está ali, comandando essa construção complexa, esse dispositivo de equilíbrio, simultaneamente repouso e movimento. Onde? No centro, como centro de gravidade. Feita de quê? De desejo, de imaginação, de sensação, de pensamento: um "lugar" comum. Ela se parece com quê? Com um motor, pois é preciso, para mover-se, ser movido por alguma coisa: um sopro, e o animal possui esse sopro; um desejo pensante e o homem tem esse desejo, essa apetência que se reflete a si mesma; um ponto de apoio imóvel, e o mundo possui esse ponto, princípio do princípio, "motor imóvel que move sem ser movido",[3] e por isso, eterno, divino, sem alteração possível.

Divina surpresa! Passa-se tranqüilamente da marcha do caranguejo para a marcha do universo. E é verdade que uma mesma lei de movimento rege todo o conjunto, o humilde sapo, o homem erguido sobre seus pés e o mundo, em sua inabalável existência.

> Cada ser deve ter em si um ponto imóvel, onde se situa o ponto de partida do movimento, e sobre o qual ele toma apoio para se mover inteiro ou em uma de suas partes... mas toda mobilidade nesse ser fica sem efeito se não existir fora dele alguma coisa absolutamente em repouso e imóvel. Não haveria marcha possível se a terra faltasse, nem vôo, nem nado, se o ar ou o mar não oferecessem resistência.
>
> *Movimento dos animais*, 2.

Um sol escuro

A alma é motora, é princípio. Um jogo de conseqüências decorre disso. Por exemplo, o fôlego, no animal, é para a alma o que o ponto que se move sendo movido é para a imobilidade. A alma, por sua vez, está no princípio do universo como o lugar de onde partem os movimentos das partes, sendo ela própria movida por desejo ou imaginação, alteração ocasional. Por sua vez, ela precisa de um princípio imóvel, o primeiro motor, que mantém o universo em movimento, e que é, ele próprio, imóvel. Não é mais "um sol a mais" que lançaria sua luz dourada sobre nossas pobres vidas, mas um sol-princípio, um oco no seio de tudo o que existe, irradiando sem ser visto, escondido, escuro, inalterável, sem afeição. Um puro imóvel.

Nenhum impulso passional, nenhum calor de coração, nada a esperar desse deus sem amigos. Impávido, auto-suficiente, longe de nós, também não podemos amá-lo. Gosto desse ascetismo, dessa secura, vejo nisso algo de trágico em estado puro, um destino que as preces não podem influenciar nem atingir. Uma lei. Um "é assim mesmo".

O refluxo

As loucuras de Alexandre

A repercussão das campanhas de Alexandre, seu comportamento na Ásia não são absolutamente do gosto de Aristóteles. Ele fica sabendo de algumas palavras mordazes pronunciadas por seu ex-aluno. A Cassandra, que argumentava contra ele, Alexandre replica: "Isso é como as argúcias e sutilezas de Aristóteles para provar o pró e o contra..."[4] As relações se deterioram. O sobrinho Calístenes, que faz parte das bagagens do rei, permitiu-se algumas reflexões sobre a sua maneira de tratar os macedônios e de tomar-se por um deus. Certamente tinha razão, mas esqueceu a prudência e que é apenas um refém nas mãos de um déspota poderoso. Pois Alexandre é uma espécie de tirano (e meio louco) agora. Não há mais limites para a sua megalomania, nem freios para a sua crueldade, seus impulsos, sua violência. Paranóico, como todo tirano, vê conspirações em toda parte, presságios funestos, ou, loucamente feliz em cada encontro com os adivinhos, escuta-os, esquece a sabedoria. Calístenes o aborrece com suas admoestações, o que o faz ficar ressentido com Aristóteles: é a guerra declarada. Pior do que isso, descobre um complô, cuja autoria atribui a Calístenes, manda torturar os seus servidores e escreve a Antípatro, como relata Plutarco: "Punirei eu próprio, em breve, o chefe e aqueles que o enviaram a mim, e que receberam e abrigaram em suas cidades os assassinos que vinham especialmente para me matar..." "Nisso, acrescenta Plutarco, ele revela claramente a má vontade que tinha contra Aristóteles, porque Calístenes fôra criado em sua casa, por causa do parentesco que existia entre eles..."[5]

Assim, o infeliz Calístenes foi enforcado ou jogado num fosso, onde ficou "sete meses inteiros, a fim de que fosse julgado pelo conselho. O próprio Aristóteles estava presente, mas tendo se tornado muito gordo, morreu com a doença dos piolhos". É a versão de Plutarco, enquanto Diógenes Laércio nos dá a sua: "Ele foi confinado numa jaula de ferro, onde foi infestado pelos vermes e finalmente jogado para ser comido pelos leões".

De qualquer forma, a pessoa visada era realmente Aristóteles. Aliás, a sua "punição" não tardaria. Alexandre envia suntuosos presentes a Xenócrates, o rival de Aristóteles, e concede honras públicas a Anaximedes.

Esse episódio, bastante cruel, magoa o filósofo, que amava o sobrinho. E embora nunca tenha acreditado na educação possível de um príncipe e não contasse mais com Alexandre depois de suas loucuras persas, esse caso todo se parece muito com um fracasso.

Outra vertente do ciclo da vida. A ladeira descendente começa. Alexandre morre de uma febre maligna, a notícia chega a Atenas e a agitação domina os espíritos. Enquanto o grande rei estava vivo, tinham-se abafado as antipatias, os velhos ódios, tinha-se suportado a aliança forçada com a Macedônia. Morto Alexandre, o império se divide entre seus generais e se enfraquece. É tempo de levantar a cabeça. A facção antimacedônia se agita. Demóstenes, que estava no exílio desde um caso infeliz de dinheiro, percorre a Grécia suscitando a revolta. Fala ao povo, sempre pronto para a revanche. É preciso expulsar os macedônios — não especialmente Aristóteles, mas essa raça toda. É o inimigo hereditário, não tem nada que fazer na Grécia. Vamos à guerra, *allons enfants*! E Demóstenes corre o território grego, indo de cidade em cidade espicaçar as consciências.

"...Demóstenes se juntava aos embaixadores que eram enviados de Atenas para vários lugares, solicitando às cidades gregas que se dispusessem a recobrar a liberdade, e ajudava-as em tudo o que podia para incitar os gregos a tomarem armas junto com os atenienses, a fim de expulsarem os macedônios para fora da Grécia."[6]

É um triunfo, e Demóstenes é recebido em Atenas como um salvador.

Antípatro, o velho amigo, está isolado na cidade de Lamia, onde é mantido sob cerco, "bem apertado".

Em suma, a situação dos macedônios é das piores. Tudo o que é macedônio, de perto ou de longe, é suspeito de colaboração. Aristóteles, muito visado, é o primeiro. Sem dúvida, não se pode acusá-lo de manobras políticas, de aliança com o partido da Macedônia, nem de conivência com a política de Alexandre na Ásia. Ele já se explicou claramente sobre isso.

Mas podemos estar certos de que os atenienses acharão um pretexto.

A acusação

Nesses casos, a tática é conhecida: bisbilhotar o passado daquele que se quer arruinar. Sempre se encontrará alguma coisa para apregoar. O boato faz papel de informação, e a escuta (mesmo não sendo telefônica) não é inofensiva.

Alguma coisa que esteja em relação com aquilo que os gregos mais execram no momento. Que tenha a ver com os bárbaros, com a desonra, que seja contrária aos princípios de liberdade e de independência. Como por exemplo, prosternar-se diante de outro homem, tratá-lo como deus. De fazer aquilo que Alexandre, doravante abominado, exigia dos seus companheiros, uma devoção total, as honras reservadas às divindades. Em resumo, um crime de impiedade notória.

Quem procura acha. É um poema dedicado a Hérmias, o tirano de Atarneus, amigo de Aristóteles, o homem que lhe dera refúgio, seu cunhado — lembram-se, cuja irmã ele desposou, Pítias.

Esse poema é construído como um hino, como um peã, canto reservado aos heróis. E para quem, santo Deus? Para um escravo, um liberto, um eunuco, um bárbaro, um tirano. E não é só isso, também mandou erigir uma estátua para ele em Delfos. O hino é conhecido. A prova é patente. Inútil procurar mais. Basta isso para condenar até alguém mais importante do que o próprio Aristóteles. O hierofante faz o trabalho, é Eurímedon. Apresenta a acusação diante do tribunal.

"Go home"

O amigo morto a quem prestou homenagem, o que lhe reprovam; o sobrinho torturado pelo aluno que ele formou e em quem confiara; seu outro amigo, Antípatro, mantido sob suspeita e sem poder; Licurgo, que sempre o protegera e com quem tinha boas relações, caído em desgraça, e enfim a acusação levada a um tribunal já prevenido contra ele, no barulho e no furor da revolta contra a Macedônia... É muito. É demais.

Teria recebido ameaças, sua mulher teria sido insultada, teriam feito inscrições a giz na sua porta. Pior talvez, jovens excitados rondam o Liceu. Não jogam pedras nas vidraças — elas não existem — mas é a mesma coisa. As preciosas coleções, os livros, basta um nada, uma palavra mais alta, uma briga, para que sejam vítimas do vandalismo. Já se percebem as provocações. Já o procuram. Quando desce do Licabeto para o Liceu, Teofrasto o acompanha, é mais seguro.

Mais uma vez, Atenas, a madrasta, o rejeita. Trata-o de bastardo, logo ele que... Mas vamos em frente.

A prudência recomenda não esperar. A ocasião, mais uma vez, deve ser agarrada sem demora. Partir no momento certo, isto é, em cima da hora.

A ocasião não se prende ao acaso, e o discernimento do momento certo se baseia na memória: houve a condenação de Anaxágoras, salvo na última hora por Péricles, e a de Sócrates, que não foi salvo. Afinal, talvez Atenas não seja um bom lugar para os filósofos, apesar do que se diz. De qualquer forma, inútil fornecer uma terceira vítima aos moralistas da depuração. Principalmente quando a vítima somos nós. Aristóteles não tem nenhuma tendência masoquista, e o heroísmo lhe parece vão quando não está ligado a uma grande causa, obrigado pela honra (Zenão recusando-se a entregar os amigos) ou constitui uma lição (Sócrates como modelo dos filósofos e da imortalidade da alma).

É preciso fugir. E rápido.

Mais uma vez, às pressas, Aristóteles faz as malas, fecha a Escola, entrega as chaves e as anotações ao fiel Teofrasto, lança um olhar à biblioteca, às coleções, às salas de trabalho.

Parte com os manuscritos começados, sua mulher Herpilis, sua filha Pítias e seu filho Nicômaco. A caminho de um novo exílio.

Está com 60 anos.

NOTAS

1. Nietzsche, *Considerações inatuais*, II e IV, fragmentos póstumos, Gallimard, 1988, para a tradução francesa.
2. Borges, *La Bibliothèque de Babel*.
3. Ver Notas complementares: *Motor imóvel*.
4. Plutarco, *Vida de Alexandre o Grande*.
5. Ibid.
6. Plutarco, *Vida de Demóstenes*.

A casa materna

Aristóteles parte para Cálcis. É a capital da ilha de Eubéia. Mais uma ilha. O exílio, indissociável da ilha.

Atravessa a Ática, chega às margens do Euripo, estreito canal que separa Eubéia da costa ática. Atravessa esse braço de mar, desembarca. Está em casa, fora do alcance dos hierofantes caluniadores. Em casa? Sim, pois era ali que sua mãe, Féstis, tinha a sua propriedade. Uma casa, um grande jardim, e no jardim uma casinha para os convidados.

Quando criança, a viagem entre Estagira, a casa do pai, e Cálcis, a casa da mãe, era freqüente. Há muito tempo ele não ia a Cálcis.

É um refúgio, nas proximidades da Grécia, nem longe nem perto demais. Voltar a Estagira teria significado uma ruptura total com Atenas, teria indicado que afinal ele era mais macedônio do que grego. Teria dado razão aos seus adversários. Mas ali está em terreno neutro. Se as coisas se acalmarem, ele poderá voltar ao Liceu. O adeus não é definitivo. Pelo menos, é o que pensa.

A vida é variável como o Euripo

Instala-se. Trouxe alguns manuscritos. Ainda há muito trabalho. É preciso terminar a história das constituições, fechar os diversos tratados, continuar. É verdade que lhe faltam documentos, a sua biblioteca, os seus hábitos, os seus amigos. "As bibliotecas não são lugares, são corpos",[1] na verdade o seu próprio corpo. Seu invólucro natural. Aquilo pelo qual ele se situa, se reconhece. E está privado desse lugar que é o seu corpo. Diminuído. Não se encontrando.

E os amigos, essas pessoas que compartilham o mesmo ser.

> O *philos* é um outro si mesmo, como o irmão, o parente que são um mesmo ser, ainda que subsistindo em indivíduos separados.
>
> *Ética a Nicômaco*, IX, 4.

Privado de amigos, é a respiração que falta, a comunhão, o espelho familiar que vem ao teu encontro e te diz: "Sei quem você é, você é este."

O indivíduo só existe na e para a ligação. Em e por uma comunidade. Ele próprio escreveu isso, sabe muito bem, é a comunidade, o círculo que envolve o indivíduo, que lhe dá o seu ser junto, a sua natureza de animal de cidade. São os amigos que o definem como indivíduo. Sozinho, o indivíduo não é nada, apenas um nome que vagueia à procura do seu corpo.

Como um livro só existe por todos os livros que o cercam, um pensamento por aqueles que lhe são um lugar para existir. Sozinha, a alma vai embora, se empobrece, se resseca. Sozinho, o indivíduo não tem fim — não há fim para si mesmo — e assim falta-lhe até esse começo que é a existência.

E por onde começar? Seria preciso refazer o círculo, chamar Teofrasto, ficar mais perto dos livros, poder falar ainda, passeando. Sentir em torno de si os pensamentos dos outros, suas meditações, ter um objetivo em comum: o conhecimento. O que é um conhecimento não compartilhado?

Se o centro imóvel da alma é realmente esse ponto obscuro, curvado sobre a sua potência, quando a potência não pode exercer-se não move mais nada, o motor se extingue. Um centro que não pode nada sobre aquilo que o cerca não é mais um motor, é um lugar deserto que sufoca pouco a pouco.

Vista das margens

Como outrora em Assos, vai ao porto, olha as margens, interroga-se sobre as marés, as nuvens, a vegetação. Mas Eubéia é uma ilha plana, sem encantos especiais. Existe a lenda de Io, a fogueira de Héracles, mas nada disso o comove.

O Euripo é tão estreito que se vê com precisão a costa da Ática. Parece que se pode atravessá-lo a nado. Tentação logo frustrada: o canal é traiçoeiro, caprichoso, imprevisível. Contam-se sete e algumas vezes quatorze marés por dia. A corrente marinha se inverte permanentemente, a vazante dura apenas alguns minutos entre cada enchente. Com súbitos turbilhões. Não parece obedecer a nenhuma lei. Apenas a sua presença já é um desafio para a inteligência das causas.

A terra, o mar, a teoria lhe faltaria sob os pés, e seu próprio corpo já estaria afetado pela ausência dos livros? O calor o abandona, a digestão, geralmente animada pela cocção, fica sem fogo, faz-se com dificuldade. Para substituí-lo, usa um frasco cheio de óleo quente junto ao abdome.

Ele diz assim: "... é uma cocção imperfeita, uma forma de incocção da matéria indeterminada encerrada em um corpo, incocção produzida por uma falta de calor do líquido circundante."[2]

Certamente, é a bile. Será que ela se estende através de todos os vasos do intestino, como uma excreção e uma escória? Será que ela morde o fígado? De qualquer forma, ela é apenas resíduo, vindo de um sangue menos puro. É a bile, que o frio torna dura e seca, que produz a melancolia, literalmente "bile negra", e que só o calor da emoção pode dissolver, por catarse. Essa catarse ou depuração é realmente um termo médico, designa um fenômeno natural, a purgação da bile por dissolução sob o efeito do calor. O efeito benéfico do teatro é este mesmo: excitando a piedade ou o temor, paixões quentes, a tragédia dissolve o humor concentrado na bile. Benéfica porque consolida o laço civil — o povo reunido compartilha as mesmas emoções — a tragédia é também benéfica para a saúde de cada um.

Mas para que o remédio opere, para que a bile se aqueça, para que seu mal desapareça, faltam-lhe aqui, em Cálcis, o contato com a grande lenda e com os versos dos poetas. E a presença de um círculo de próximos com quem compartilhar a emoção. Não há tragédia privada, pessoal, apenas um drama, e a espécie de piedade que se pode ter por si mesmo não é em nada comparável com aquela que a admiração suscita.

Pela primeira vez, pensa em si, nesse corpo que o abandona, pensando na vida como um rio que se dirige para o mar, a água doce dissolvida na imensa salmoura do Egeu, perdendo-se em pequenas gotas separadas. Tomado no fluxo e no refluxo das vagas.

Brilhando talvez pela última vez antes de desaparecer, como essas gotas d'água cuja luz é destilada pelos remos mergulhados em cadência, ao sol poente.[3] Arco-íris, luminosidade, reverberação. Reflexo da luz sobre a massa movediça da água sombria.

Sim, a casa materna, o lugar natural, útero, deu à luz esse corpo reunido que é o seu, e a casa materna retoma em sentido inverso essa reunião, para dispersar-lhe os elementos, fissurar os órgãos com a dor da separação.

Ele volta ao seu começo, mergulha nele. Volta ao caos. Vestes abandonadas uma após a outra, quase nu, obsceno.

Lembra-se dos versos de Homero, do velho Príamo lamentando-se da sua sorte de velho descarnado, prometido à morte vergonhosa? "Quando os cães ultrajam a cabeça grisalha, o queixo cinzento e as partes vergonhosas de um velho massacrado, é certamente o espetáculo mais lastimoso que possa se oferecer aos infelizes mortais..."[4]

Certamente, não há luta, nenhum cão raivoso o devorará — a menos que esses cães sejam os caluniadores que vegetam lá em Atenas. E de fato, como cães, eles o dilaceram, o despedaçam — por exemplo, lhe retiram as honras que ele adquiriu pelo seu catálogo de vencedores dos Jogos Píticos. De certo modo, foi degradado.

Entretanto, o céu não pode ser sempre assim tão negro, as nuvens tão sufocantes, o tempo varia, com suas melhoras súbitas, arco-íris, ventos subitamente acalmados.

Depois de uma vitória definitiva sobre os gregos revoltados, Antípatro reduz ao silêncio os patriotas atenienses, retoma o governo. Demóstenes foge, e com sua fuga, também se desfaz o movimento antimacedônio. O caminho está livre outra vez. O contato com os livros, com os documentos, com os amigos fiéis pode continuar.

A separação

Seria tarde demais? Aristóteles não tem coragem de voltar ao Liceu. A cocção continua não se fazendo. O frio da idade, a bile má, *melancholia*, bile negra, se acumulou, pesada. Evidentemente, ele conhece — ele o descreveu — o funcionamento desse mau humor, desse entupimento dos canais por onde deveria passar, fluida e vivaz, a alimentação necessária à alma. Subitamente, do papel, da tinta, da pena, do pensamento, levanta-se uma realidade carnal: o que ele escreveu existe, não fora dele, mas nele. Está ali.

Tudo o que ele se dedicou a escrever, a pôr à parte, a seguir pela teoria, se faz repentinamente presente, com uma proximidade dolorosa.

Uma suprema ironia o faz tocar com o dedo a verdade das suas hipóteses: ele é o primeiro paciente; a tese volta como um bumerangue para o seu autor. Deve alegrar-se por não ter dito coisas vãs, ou perguntar-se se tem razão de falar, afinal, contra si?

Ele não sabe, mas o mar que ele contempla com lassidão parece zombar dele, o mar também. O Euripo era assim, no tempo da sua juventude? Certamente, mas a sua inconstância não o afetava então. Pensava dominá-lo pacientemente, pela descrição. Como fez com Atenas e os atenienses, mas, como eles, o Euripo é volúvel.

Há uma injúria que parte das coisas. Não apenas das pessoas. A injúria da idade. Da decomposição. As leis naturais da geração — que o frio e o quente delimitem e ajam sobre o seco e o úmido, que eles dominem assim a matéria e gerem uma coisa. Mas a velhice torna esse movimento gerador impossível. Os princípios não concordam mais, a umidade endurece o corpo, o calor é vencido pelo frio, que triunfa por sua vez sobre a umidade:

> Corrupção do calor natural de todo corpo úmido por um calor exterior — o que o resseca — ou corrupção pelo frio intrínseco da coisa, o que dá no mesmo...
>
> *Meteorológicos*, IV, 1.

Afinal, nunca seríamos mais do que carne — cujos diversos cozimentos ele enumerou outrora.

> O que é oposto à geração absoluta é a putrefação, pois toda corrupção natural é um encaminhamento para esse estado, a velhice, por exemplo, e o ressecamento.
>
> *Meteorológicos*, IV, 1.

Putrefação, mas primeiramente separação: o laço íntimo, orgânico, entre as partes do ser vem a faltar; cada órgão parece viver por si mesmo, com uma vida insistente, embora cada vez mais fraca. O ventre, o fígado, o baço, a bile se tornam animais intransigentes, só fazendo o que querem. O mal é teimoso, obstinado. Uma espécie de anarquia divide o corpo. Quanto ao centro, esse motor invisível, ele se atarefa, se esgota para segurar os pedaços esparsos do belo conjunto.

Ele teria muito cuidado com a sua aparência. Teria aparado a barba, o que restava dela. Teria conservado, com o ar sério que convém à idade e à reputação, uma grande serenidade. Uma doçura que a jovem égua ou o touro não teriam. Não teria mais necessidade do freio com o qual Platão o ameaçava outrora.

Sempre pequenos e fundos, seus olhos — que sempre teriam visto sem ver — discerniriam a linha pálida e sinuosa da costa, do outro lado do tumultuoso Euripo.

Veria Áulis, pássaro curvado, cisne de pescoço inclinado, onde Ifigênia espera o sacrifício? Na areia fina, protegida dos ventos, a frota de Agamenon força as amarras. Ela está ali, logo em frente. Quase ao alcance da voz.

A voz de Sófocles em *Ifigênia em Áulis*: "Não se ouve nada, nem os pássaros, nem o mar; os ventos se calam no Euripo... espero perto do Euripo, onde os ventos são bem fracos... Áulis, sob a asa da Eubéia, protegida das correntes violentas... Áulis... a salvo das vagas... Perto dos turbilhões que o Euripo, agitado por sopros incessantes, faz refluir, invertendo o curso do mar azul..."[5]

Uma súbita calma, uma solidão, um bosque sagrado, de Ártemis.

De Cálcis, a sete quilômetros apenas ao norte de Áulis, mas do outro lado do Euripo, ele sonharia com esse repouso anunciador do sacrifício? De Cálcis o coro das mulheres veio assistir Ifigênia.

Abram esta porta à qual bato chorando

Os amigos, perto dele, estão reunidos. Antes de entrar na morte, é preciso nomear um sucessor. A biblioteca continua em Atenas, os discípulos são numerosos, as coleções estão protegidas. Alguém deve zelar por tudo isso. Entre Menédemo de Rodes, que é de Eubéia, e Teofrasto, de Lesbos, é preciso escolher. Ele manda trazer vinho — um é de Rodes, é agradável, mas o outro é de Lesbos, tem um gosto de mel. "Este é mais doce", diz ele. Teofrasto será o sucessor.

O amigo fiel, o apaixonado pelas plantas, o homem cortês, afável, sem nenhuma mesquinharia, o companheiro de toda uma vida, aquele que estava em Assos, em Lesbos, no Liceu, em Estagira. Que está ali agora.

O pavilhão no jardim

Sucessão dos ciclos, ondas que se propagam a partir da morte. Círculos mais uma vez. O mais familiar é o dos parentes, e para ele também há sucessão. O que lhes deixar? O testamento reúne e distribui. Desenha a configuração de uma pequena cidade doméstica. Para cada um o seu papel, o seu lugar na comunidade. Posfácio.

Herpilis, sua mulher, pode escolher: viver na casa de Estagira, que ele herdou de seu pai, seu bem próprio, ou no pavilhão do jardim de sua mãe, em Cálcis.

Como se a casa materna não fosse sua, e ele próprio fosse apenas um convidado, dispondo, para legar, somente do pavilhão para os estranhos. Será que a mãe o teria abrigado só por um tempo — o da maturação do feto — para ejetá-lo depois como um intruso? Será que ele pensa que pertence, como macho, ao esperma do pai, mais do que ao ventre da mãe? Que aquilo ao qual ele pertence lhe pertenceria por direito natural de reciprocidade? Então, a casa materna não seria o seu lugar próprio, ele não teria nenhum direito de instalar nela a sua mulher. Ou ainda, um desejo pudico de não misturar as mulheres, a nora seria uma estranha para a sua mãe até na morte.

Entrar na morte. Uma porta que se esconde, cujo lugar não se acha. Nem o tempo. Sua presença é insistente, pressentida, próxima, mas onde, quando?

É preciso deixar-se a si mesmo. Dividir-se, separar-se. Muito já foi deixado, resta pouca coisa a apagar, esse fôlego, o pensamento, essa preocupação, o saber. Aristóteles renuncia a tudo, exceto a isto — o conhecimento.

Será que escreveu um diário, tomou notas? Como é que se morre? Pode-se descrever, outra vez descrever, essa breve passagem, como se descreve um nascimento?

Dizem-se muitas coisas sobre a sua morte. Que ele teria bebido cicuta, duro remédio. Que teria falecido, destruído pela doença. Que teria entrado no mar, para afogar-se, para voltar aos elementos. Ou para compreender. Ou tão desolado por não compreender, jogando-se no problema, afogando-se nele. Última tentativa para encontrar as causas.

Teria entrado no Euripo, teria andado sobre a areia no mar raso, até desaparecer na água caprichosa. A porta dos fundos.

Teria sido de manhã, bem cedo, antes que a casa acordasse, sem dizer nada. Teria tomado a decisão. Aproveitado a ocasião. Escapando ao espetáculo de um velho moribundo, cadáver ridículo, vergonhoso.

Lançou-se para a frente, para atar o último fio entre nascimento e desaparecimento, para obedecer ao desejo da natureza, mas sobriamente, sem ostentação.

Independente demais, fora da moda, para seguir o exemplo de Sócrates e dar o espetáculo de sua morte aos seus fiéis, com as indispensáveis últimas palavras, imortais. E as lágrimas dos apóstolos.

Sim, eu o prefiro assim, insisto em não vê-lo morrer, prefiro que ele vá à deriva, móvel, imóvel, no movimento das coisas. Impessoal, inexistente, silhueta que não se distingue, e que, com um supremo esforço do acaso, se desvanece com seus manuscritos, enterrados em Skepsis, em um porão.

A figura no tapete

Tentar encontrá-lo? Captar o segredo dos seus livros ou do único livro — ele se tornou livro —, perseguir a lembrança. Onde? Ele nunca fala de si, nunca diz "eu", senão em seu testamento, o último ato, assinando então, com a mão já morta, vontades que ele abandona ao tempo.

Renunciar a isso. Ver apenas a obra, a sua organização complexa, onde residem o estilo, o tom.

Costurado com fios múltiplos, tecido em um desenho imenso: o tapete cobre o mundo ocidental. Comentado, traduzido, reinventado a cada época, como que excessivamente generoso para ter somente uma voz, um pensamento. Desafiando por antecipação os caçadores de tesouros.

" — Sim, meu caro, o segredo, a idéia de conjunto da sua obra, o fio que ligava as pérolas, a figura no tapete...

— Ele tinha uma idéia de conjunto?

— Não me diga que você não sabia. ...É um segredo infinitamente precioso...

"É que o autor genial, escreve Henry James, detém certamente um segredo, mas qual? Apenas um 'pequeno achado', alguma coisa especial, razão pela qual eu escrevo meus livros, a paixão da paixão, o lado da coisa em que a chama da arte brilha mais forte... Uma intenção mais preciosa do que todas, um pequeno passe de mágica através de todos os meus livros, e o resto é jogo de aparências."[6]

E nesse ponto, o autor, ironicamente, desaparece com o seu pretenso segredo.

Aristóteles faz melhor; enquanto entra com um passo medido no leito do rio salgado, sua obra inteira desce para o fundo do esquecimento. Fundo, fundos. A porta do porão onde o tesouro está enterrado deixa passar apenas uma claridade avara. Mas suficiente para que a memória resista à ausência.

> Ventre? Vergado?
> Ele repousa. Ele há viajado.
> Com?
> Sinbad o Mareiro e Tinbad o Tareiro e Jinbad o Jarreiro e Whinbad o Whareiro...
>
> James Joyce, *Ulisses**

NOTAS

1. P.Quignard, *Petits traités*, II, Maeght éditeur.
2. *Meteorológicos*, IV.
3. *Meteorológicos*, III.
4. Homero, *A Ilíada*, canto XXII.
5. Sófocles, *Ifigênia em Áulis*, V., 6-11.
6. Henry James, *O desenho do tapete*.

* Tradução de Antônio Houaiss *in* James Joyce, *Ulisses*, Civilização Brasileira, Rio de Janeiro. (N.T.)

NOTAS COMPLEMENTARES

Anamorfose

Processo pelo qual um objeto visto sob um certo ângulo oferece ao olhar uma figura que não se pode decifrar de outro ponto de vista. O exemplo mais célebre de anamorfose é o quadro de Holbein *Os Embaixadores*, em que uma forma oblonga ocupa a frente da cena, forma que se revela, vista lateralmente e não mais frontalmente, como sendo uma caveira.

Antípatro

Amigo de Filipe da Macedônia, foi companheiro de infância de Aristóteles em Pela, e continuou seu amigo durante toda a vida. Com a morte de Filipe, tornou-se general de Alexandre, e foi encarregado de administrar a Grécia. A ajuda que ele deu a Aristóteles e ao Liceu foi preciosa.

Catamenia

Resíduos de alimento não digerido, os *catamenia* designam o mênstruo. A mulher, por causa da sua constituição fria, não pode "operar suficientemente a cocção" dos alimentos. O resíduo não cozido é ejetado do corpo feminino uma vez por mês, sob forma de regras.

Diógenes Laércio

Famoso doxógrafo grego (aproximadamente no século III d.C.) graças ao qual possuímos as "vidas" dos filósofos antigos e suas sentenças e opiniões. Criticado pelos historiadores por causa do pouco rigor das suas obras, boateiro, pouco filósofo, oferecendo visões simplistas ou errôneas das obras antigas, é entretanto uma das poucas fontes que temos à nossa disposição. O termo "doxógrafo" se aplica aos biógrafos não dignos de fé, aos métodos não-científicos, que recolhem todas as opiniões (*doxa*) sem controlá-las.

Esculápio

Deus da medicina, filho de Apolo; santuário em Epidauro. Para uma família de médicos, proclamar-se descendente de Esculápio é certamente sinal de notoriedade.

Eudóxio

Matemático, nascido em Cnido, elaborou um sistema astronômico de acordo com os postulados de Platão. Contou 366 dias e 1/4 por ano, o que foi o ponto de partida da astronomia tradicional. Ensinou na Academia, que dirigia durante as ausências de Platão.

Eurípides

Um dos três grandes autores trágicos, nascido em Salamina (como Sólon), no século IV a.C. Gostava de trabalhar em uma gruta que se abria para o mar. *As Suplicantes, As Bacantes, Medéia, Ifigênia em Áulis, Electra*, etc. Teve pouco sucesso em Atenas. Foi recebido por Arquelau, pai de Filipe da Macedônia, e viveu em Pela a última parte de sua vida. Consta que morreu devorado por cães.

Fragmento

Para uma teorização do fragmento, ver Anne Cauquelin, *Court traité du fragment*, Aubier, 1987. Para o detalhe na pintura, Daniel Arasse, *Le Détail*, Flammarion, 1992. Nessa obra, o autor se dedica a mostrar que o detalhe, na pintura, tem a carga da emoção estética, cativando o olhar do espectador. Isolado do conjunto, ele estabelece a distância propriamente pictural, pondo em perigo a intenção da representação. A vertigem de pintar escapa então à intenção de descrever. Detalhado, talhado na massa, ele se autonomiza, torna-se uma totalidade, um "em si".

É justamente essa emoção, esse lirismo, que o fragmento recusa, inteiramente ocupado em preservar o laço com a totalidade da obra. A descrição só dá lugar ao detalhe curioso em uma perspectiva lógica. Como elemento ligado de uma fábrica.

Hipódamo de Mileto

Arquiteto, fez a pedido de Alexandre o plano da cidade de Alexandria, privilegiando a construção quadriculada: vias retilíneas paralelas ou cortando-se em ângulos retos, com destinação de lugares precisos para os prédios públicos. Renovou também Mileto, o Pireu e Rodes.

Hipócrates

Médico do início do século IV a.C., seguiu o ensino filosófico de Demócrito e este, o ensino sofístico de Górgias; depois fez escola em toda a bacia do Mediterrâneo. *Dos lugares no homem* é um tratado que lança as bases, ao mesmo tempo, da observação clínica e de certos princípios de cura. Aristóteles se inspira muitas vezes nas suas descrições anatômicas e fisiológicas.

Isócrates

Retórico, bem-falante, modelo para o pensar e o falar de toda uma geração de jovens atenienses. Fez concorrência à Academia, e Aristóteles teve que fazer seus cursos antes de passar para os de Platão. Ironizava-o bastante abertamente em suas obras de juventude. Depois, não falou mais disso. Mas apareceu novamente no momento em que Filipe procurava um preceptor para Alexandre: Isócrates também se candidatou ao posto. Morreu muito velho.

Jasão

Personagem lendário, que partiu à conquista do Velo de Ouro. Suas aventuras foram contadas por Apolônio de Rodes: *O Navio Argo*, espécie de grande epopéia.

Motor imóvel

"O motor imóvel que move sem ser movido", célebre fórmula do livro L da *Metafísica*, pela qual Aristóteles fixou o papel do princípio supremo, divino, ao mesmo tempo que a sua posição de eixo do mundo finito, fora do tempo, acidental e contingente, dos movimentos da geração e da corrupção, que são a condição dos seres vivos.

Onomatoteta

Aquele que se ocupa dos nomes, o doador de nome (*onoma*). Uma grande atenção é dada aos nomes na Antigüidade. Eles exprimem ao mesmo tempo garantia, testemunho, desejos, continuidade de uma linhagem e reconhecimento de uma dívida.

Olimpíadas

Os gregos antigos mediam o tempo em olimpíadas. Uma olimpíada representava o intervalo de tempo que separava dois Jogos Olímpicos, ou seja quatro anos.

Aristóteles nasceu durante a 99ª Olimpíada, isto é em 384-383 a.C. Platão nascera durante a 88ª Olimpíada, no sétimo dia do mês Targelion, em 429 a.C., em Egina, na casa de Fidíades, filho de Tales, no ano da morte de Péricles, e morreu no primeiro ano da 108ª Olimpíada, ou seja em 347-346 a.C.

Opsis

O que pertence à ordem da visão, o espetáculo. Para Aristóteles, é o último elemento da tragédia; cita-o em quinta posição na hierarquia das necessidades.

Plínio o Velho

Letrado romano, amante de curiosidades naturais, e compilador incansável. Seus 37 livros de história natural contêm ao mesmo tempo geografia, história, descrição de técnicas, mineralogia, relatos fabulosos e finas observações. Morreu em Pompéia, quando da erupção do Vesúvio, pelo qual tinha grande curiosidade. Seu sobrinho Plínio o Moço conta esse episódio em uma "carta" célebre.

Sólon

Grande legislador de Atenas, seu fundador e um dos sete sábios. Para Platão, alegar que era seu descendente equivale a declarar-se ele próprio fundador (da filosofia).

Sofistas

Grandes inimigos do platonismo, que Platão ataca em seus diálogos, os sofistas têm a reputação de filósofos pervertidos, capazes de ensinar qualquer coisa e o contrário disso, e de argumentar ora pró ora contra a mesma concepção, por dinheiro.

Um sofisma é um gênero de argumento do qual os sofistas fazem grande uso, e que é difícil de desmontar pela lógica, pois ele próprio é baseado sobre os paradoxos lógicos e as aproximações da língua.

Ao escrever as *Refutações sofísticas* ou como refutar os sofismas, Aristóteles não despreza tão abertamente os sofistas quanto Platão; sem dúvida, ele reconhece em seus argumentos uma certa força de persuasão, uma elegância lógica, e em seu ensino uma evidente qualidade pedagógica.

Há algum tempo, tenta-se reabilitar os sofistas, assim como os retóricos.

Ut Pictura Poesis

A fórmula é de Horácio, na *Arte poética* (v.361). Na verdade, é uma epístola endereçada a Pison.

Ela exprime a idéia de que a poesia deve tomar como modelo a pintura, mas a concisão da fórmula se presta a todo tipo de confusões e de interpretações.

Quiseram ver nela uma injunção: a poesia deveria ser descritiva — pintar situações e personagens para que nós os vejamos como um quadro. Isso seria esquecer dois pontos: o primeiro é que o pequeno "UT" modula a lição, introduzindo um "como": "fazer como" não é copiar, é utilizar processos semelhantes.

Segundo ponto: a fórmula está no fim do texto (o poema tem apenas 475 versos), e vem concluir um raciocínio. A exemplo do pintor que, se pintasse qualquer coisa, um pescoço de cavalo sob uma cabeça humana ou a cauda de um pavoroso peixe preto sob o corpo de uma bela mulher, nos faria rir e zombar dele, o poeta não deve se entregar a esse gênero de fantasias, ao qual o convidaria facilmente o livre uso das palavras. Interpretar a expressão de tal modo que a poesia e a pintura sejam duas atividades reunidas por um "como" seria mais exato, e, de um ponto de vista aristotélico, mais de acordo com a sua teoria da *mimesis*, imitação não das coisas deste mundo mas do processo da natureza.

ARISTÓTELES E A TRAVESSIA DO TEMPO

Tradicionalmente ligados, o mestre, Platão, e o dissidente, Aristóteles, atravessam a história do pensamento ocidental de mãos dadas. Se Platão, na sua corrida para a glória, parte em primeiro lugar, Aristóteles, com um tempo de atraso (devido à perda dos seus manuscritos) o recupera brilhantemente. A influência ímpar que ele exerce na Idade Média é incalculável. Os escolásticos, em seus currículos, repetem, anotam e comentam interminavelmente os textos copiados e recopiados. A medicina e a física são aristotélicas, o princípio motor é cristianizado e Tomás de Aquino se encarrega de introduzir Aristóteles em todos os menores recantos da moral teológica.

"Em geral, o público culto reconhece que a infra-estrutura intelectual das civilizações medievais foi tirada da filosofia e da ciência aristotélicas", diz C.B.Schmitt, mas a influência persistiu nos séculos XV e XVI, e, durante o Renascimento, supostamente platônico, a influência de Aristóteles não cedeu em nada à do divino Platão. A obra muito documentada de C.B.Schmitt (*Aristote et la Renaissance*) prova esse fato.

É preciso esperar o fim do século XVI e o século XVII para perceber um refluxo. São os ataques de Copérnico, Giordano Bruno, depois outros bem conhecidos, Descartes, Galileu, Francis Bacon. Embora essas críticas atinjam apenas uma parte da obra de Aristóteles, elas finalmente precipitaram a queda do "Mestre dos que sabem". Thomas Hobbes, por exemplo, condensou no seu *Leviatã* (1651) um certo número de injúrias. Assim, no livro 4, capítulo 46, "Da obscuridade vinda da vã filosofia", pode-se ler:

"Já que a autoridade de Aristóteles é a única que vigora aqui, esse estudo não é mais propriamente filosofia, mas aristotelia... e agora, para tratar das proposições da vã filosofia que invadiu as universidades, em parte por causa de Aristóteles, em parte por causa de uma obscura cegueira... E creio que nada pode ser dito de mais absurdo do que aquilo que se chama agora *Metafísica* de Aristóteles, nem repugne mais ao governo do que o que se diz na sua *Política*, nem se deva mais à ignorância do que a sua *Ética*.

Depois, há uma passagem por um semideserto, pois então Aristóteles é confundido com os filósofos aristotélico-escolásticos, que são abominados (por exemplo, na *Enciclopédia*, 1751-1780).

Aristóteles volta à cena no século XIX, com um neotomismo em vias de constituição. A partir de então, faz um percurso subterrâneo no ensino universitário. Subterrâneo porque poucos estudantes lêem, por exemplo, Felix Ravaisson (*Essai sur la métaphysique d'Aristote*, 1837), a não ser através de Bergson, que publicou *La vie et l'oeuvre de Ravaisson*, no último capítulo de *La pensée et le mouvant*.

Percurso subterrâneo também, porque o ensino se refere geralmente a apenas algumas partes da obra — a *Metafísica*, a *Lógica*, ou a *Ética* — e porque não se fala, por exemplo, dos *Meteorológicos*, do tratado *Do céu* e dos *Parva Naturalia*, que, em outros tempos, foram textos essenciais para o ensino.

Com o despertar do interesse contemporâneo pelas artes da linguagem e pela própria linguagem, pelos sofistas e pela argumentação, Aristóteles volta do exílio com a sua *Retórica* e a sua *Poética*, assim como a tendência pelos debates políticos dos nossos contemporâneos faz reviver a sua *Política*.

BIBLIOGRAFIA

As obras principais de Aristóteles foram traduzidas para o francês e editadas pela Édition des Belles Lettres, precedidas de uma introdução e completadas por notas substanciais.

Os sete livros da *Política*, em três tomos, foram traduzidos por J.Aubonnet. Encontra-se no prefácio a essa obra uma biografia do filósofo.

Para a *Poética*, preferimos a tradução e comentários de R.Dupont-Roc e J.Lallot, Seuil, 1980, à edição das Belles Lettres. É um livro-chave, pois apresenta ao mesmo tempo um guia para a linguagem, a definição da metáfora, da analogia, do trabalho do artista como imitação de um processo — o da natureza — e não das coisas do mundo, o lugar respectivo dos diferentes sentidos na recepção da obra, e enfim as condições de credibilidade de uma obra (o verossímil).

A *Ética a Nicômaco*, escrita para o seu filho, trata da inteligência prática, da razão moral, dos bens deste mundo, da felicidade na amizade, dos benefícios da justiça.

A *Física* é um tratado em que se definem os métodos de exploração, os princípios da natureza, e discutem-se as questões de lugar e de tempo, de vazio e de infinito.

Os tratados de lógica — o *Órganon*, ferramenta para pensar — se compõem das Categorias e da Interpretação, dos Primeiros e Segundos Analíticos, dos Tópicos e das Refutações Sofísticas. Trabalho considerável sobre as regras de uma linguagem formada em torno dos silogismos necessários, e das possibilidades que eles oferecem ao pensamento científico.

A *Retórica* nos informa sobre os raciocínios práticos, sobre a maneira de ganhar um processo, sobre os "lugares" que se devem desenvolver, sobre o jogo teatral no tribunal.

As obras de biologia compreendem a *História dos animais*, as *Partes dos animais*, a *Geração dos animais*, *Sobre o caminhar dos animais*. Os livros sobre as plantas se perderam, infelizmente.

Nesses livros se encontram descrições muito saborosas e um método de investigação posto em prática, com seus princípios de explicação orgânica.

Essas leituras podem ser completadas com os *Parva Naturalia*: pequenos tratados sobre o sono, o sonho, a respiração etc., que pertencem ao universo da biologia, da medicina e também da psicologia, que se encontra desenvolvida no tratado *Da alma*, que se supõe ser o último texto de Aristóteles.

Restam a *Metafísica*, emblema e sumário de todos os temas e teses aristotélicos, e muitos tratados menos importantes pelo volume, mas igualmente interessantes, como os *Meteorológicos*, as *Econômicas*, o tratado *Do céu* e o *Das cores*.

Comentários

No volume verdadeiramente impressionante dos comentários existentes, serão úteis alguns estudos, de abordagem fácil.

SOBRE A MORAL E A POLÍTICA

P.Aubenque, *La prudence chez Aristote*, PUF, 1963 e a obra coletiva dirigida pelo mesmo autor: *Études sur la politique d'Aristote*, PUF, 1994.

Francis Wolff, *Aristote et la politique*, PUF, 1991.

M.Finley, *L'Économie antique* (1975) e *Esclavage antique et idéologie moderne*, Minuit, 1982.

C.Mossé, *La Démocratie grecque*, M.A.éditions, 1986 e *Histoire d'une démocratie: Athènes*, Seuil, 1971.

H.I.Marrou, *Histoire de l'éducation dans l'Antiquité*, tomo I, *Le Monde grec*, Seuil, 1948.

SOBRE A BIOLOGIA

J.M.Le Blond, *Aristote philosophe de la vie: le premier livre du traité sur les parties des animaux*, Aubier, 1945.

Pierre Louis, *La découverte de la vie*, Hermann, 1975.

SOBRE A FÍSICA

P.Duhem, *Le système du monde*, tomo I, *Histoire des doctrines cosmologiques de Platon à Copernic*, Hermann, 1911-1923.

L.Couloubaritsis, *L'Avènement de la science physique. Essai sur la Physique d'Aristote*, Bruxelas, Ousia, 1980.

Joseph Moreau, *L'Espace et le temps selon Aristote*, Pádua, Atenor, 1965.

SOBRE A LÓGICA E A RETÓRICA

J.Brunschwig, *Aristote: topiques livres I-IV*, Belles Lettres.

A obra coletiva *Philosophie du langage et grammaire dans l'Antiquité*, Ousia, Bruxelas e Universidade de Ciências Sociais de Grenoble, onde se encontrarão artigos interessantes sobre a retórica.

Anne Cauquelin, *Aristote, le langage*, PUF, 1990.

Este livro foi composto pela Top Textos Edições Gráficas Ltda., em Times New Roman e Optima, e impresso por Tavares e Tristão Ltda., em setembro de 1995.